U0686396

互联网与乡村振兴

HULIANWANG YU XIANGCUN ZHENXING

曹开研　蒋昕臻　著

中国农业出版社

北　京

目　　录

绪论 ································· 1

乡村振兴的成绩与问题 ······················· 4

乡村振兴开局良好 ···················· 5

乡村振兴面临较多挑战 ··················· 9

第一章　互联网与乡村信息化 ·················· 15

农业竞争是互联网科技的竞争 ················ 15

农业与大数据 ······················ 19

农业与物联网 ······················ 23

农业与人工智能 ···················· 24

农业与区块链 ······················ 29

第二章　互联网与现代乡村治理 ··············· 33

互联网打开组织振兴新途径 ················ 33

基层党员干部应了解的互联网新应用 ············· 39

基层党员干部用网新要求 ················ 47

第三章　互联网与创新农村产业 ··············· 51

农业产业化经营是重要基础 ················ 51

"互联网＋农业"的多样化产业创新模式 ··········· 56

"信息进村，产品出村"是当务之急 ············ 59

第四章　互联网与乡村普惠金融 ··············· 66

现代农业国家的财政金融政策 ················ 66

互联网金融在我国农村快速崛起 ……………………………… 69

泥沙俱下的互联网金融 …………………………………………… 74

第五章 互联网与职业农民教育 …………………………………… 78

发达国家系统的职业农民教育 ………………………………… 78

职业农民扶持政策的国际经验及启示 ………………………… 89

互联网开放资源发展情况及趋势 ……………………………… 91

第六章 农机智能化与网络安全 …………………………………… 98

网络安全是农机智能化前提 …………………………………… 98

农机智能化的潜在风险 ……………………………………… 104

农机智能化网络安全的应对 ………………………………… 108

第七章 互联网与乡村文化 ……………………………………… 110

网络传播的几个重要规律 …………………………………… 110

网络文化与乡村文脉 ………………………………………… 115

网络文化与乡村青年 ………………………………………… 118

附录：《乡村振兴战略规划（2018—2022 年）》 ………………… 124

绪　论

春节刚过，正是春耕备耕的关键时节。在这春光明媚的日子，笔者将自己的一些所见所思集结成册。一年之计在于春，许多互联网智能技术已经走在世界最前沿的中国，仍然习惯于沿用每一个农耕的时点作为隆重的节日，这既是我们的血脉，更是我们的思想信仰。不管技术如何日新月异，不管互联网对社会生活的变革如何深刻，不管我们有多少探索"未知大于已知"世界的冲动，农业和农村，仍然是国家崛起最基础最重要的领域。正像国家博物馆"庆祝改革开放 40 周年大型展览——伟大的变革"醒目提示我们的"中国要强，农业必须强；中国要美，农业必须美；中国要富，农业必须富"。乡村，始终是照见国家兴衰的一面镜子。从 2018 年9 月，中共中央、国务院印发《乡村振兴战略规划（2018—2022 年）》，从产业兴旺、生态宜居、乡风文明、治理有效、生活富裕等方面对实施乡村振兴战略作出阶段性谋划以来，各地都在如火如荼地推进实现乡村振兴。在实际工作和走访调研中，我们发现，乡镇干部、涉农企业、专业合作社、种粮大户、普通农民，不同群体对实现乡村振兴有不同的诉求和愿望，但大家普遍有几方面的共识。

一是认为当前推进乡村振兴要注重地域、区域差别，要结合自身特点找突破口。在东北平原、中部地区等粮食主产区，乡村振兴要和国家粮食安全紧密结合起来。在西北、西南地区，乡村振兴要和当地生态保护紧密结合起来。在靠近京津冀、长三角、珠三角地区的乡村振兴，则可以与都市休闲、观光农业等结合起来。当然，各地还根据自身农业产业特点的不同，集中发展优势产业，"一县一业"、"一村一品"，茶叶、大枣、苗木、蔬菜、花卉、柑橘等各色产业园遍布乡村大地。

适合于黄土高原地质特点的大枣与苗木产业 （作者 摄）

二是乡村振兴是一个整体和系统的工程，不光是产业发展一方面，还要有多个"结合"，多个"振兴"。 比如，乡村振兴要发挥好基层党组织在村庄产业发展、资源环境保护、基础设施与公共环境建设中的引领主导作用，就要不断加强党组织的领导，实现乡村"组织振兴"。比如，在乡村振兴过程中，如何把产业发展的红利惠及到村民，实现村民参与、村民建设、村民享有，突出村民主体地位，把乡村振兴和精准扶贫结合起来。比如，在发展休闲农业和乡村旅游的过程中，要注重与绿色发展相结合，推动乡村聚落文物古迹保护、乡村文脉融合和开发特色文化，鼓励村民参与地方特色文化演出展示，实现乡村"文化振兴"。山西省太谷县小白乡白燕村被住房和城乡建设部列入中国第四批中国传统村落名录。该村历史遗迹和文化资源丰富，20世纪80年代，曾出土大量横跨新石器时代仰韶文化、龙山文化到夏商文化的墓葬、陶窑、灰坑等文物，并且保留有众多明清时代的晋商大院。在乡村振兴过程中，该村注重挖掘特有的乡村文脉和历史遗迹。

三是互联网以及由此形成的新经济模式在乡村振兴中大有可为。 我们身处信息化发展的大时代，我国互联网和信息化工作取得了显著的发展成就。网络走入千家万户，网民数量世界第一，互联网前所未有地改变着我们的生产和生活方式。在信息化的浪潮中，乡村社会治理、乡村产业发展、乡村道德关系既面临着前所未有的挑战，也发出了强烈改革调整的呼声，互联网成为实现乡村振兴的强大助推器，如何发挥好互联网的作用助

修葺一新的晋商大院成为白燕村村委会新办公地址　　（作者　摄）

力乡村振兴，成为一个时代命题。乡村振兴和数字革命自觉地结合起来，打破了制约新经济、新零售、新制造、新金融等融入乡村振兴中的体制机制障碍，并拥有相当大的改进空间。互联网打破城乡资源流动的限制，各类资本、尤其是新经济发展的资本进入农村，盘活农村资源、带动农村发展；加快推进了乡村振兴的体制机制创新，降低了农村新经济发展的制度性交易成本。

这些共识让我们感触颇深，在互联网时代，我们如果不能发挥好互联网对乡村建设的正面拉动乃至弯道超车的作用，互联网造成的数字鸿沟将进一步拉大城乡发展差距。放眼技术前沿，2019 年，第五代移动通信（5G）商用步伐进一步提速，部分城市已启动组建大规模 5G 网络，建设规模和速度或超出预期；区块链应用如火如荼；人工智能实现爆发式增长；量子通信、卫星互联网等新概念新应用接踵而来……回看广大乡村，很多地区交通、水电等基础设施依然落后，"靠天吃饭"依然是农民时常挂在嘴边的口头禅。与现代化的发展相去甚远，乡村振兴面临极大挑战。

总而言之，正向习近平总书记所说，全面建成小康社会和社会主义现代化强国，最艰巨最繁重的任务在农村，最广泛最深厚的基础在农村，最大的潜力和后劲在农村。如何按照产业兴旺、生态宜居、乡风文明、治理有效、生活富裕的总要求实现乡村振兴，迫切需要找到切入点和突破口。

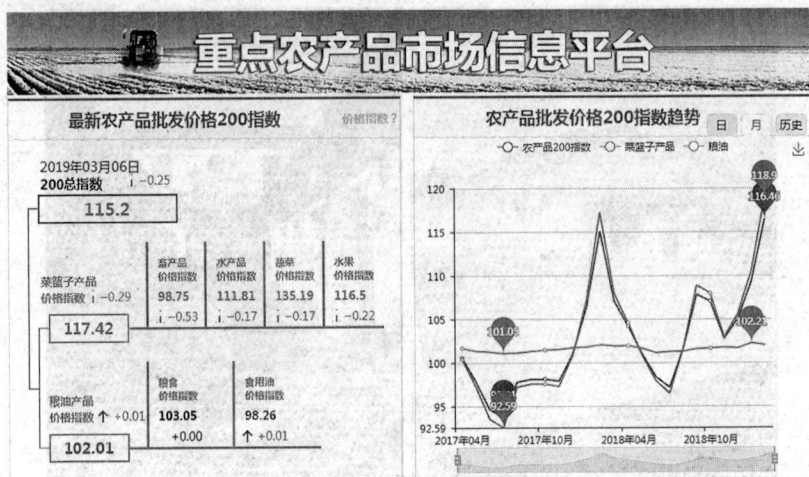

互联网大数据平台有效监测农产品市场信息情况

来源：农业农村部网站。

乡村振兴的成绩与问题

40 年来，改革开放塑造了一个全新的中国，也塑造了一个全新的乡村社会。今天，当互联网已深刻植入社会生活方方面面的时候，对农村的改变和影响，也远不止于开一个淘宝店，装一个 APP，而是全方位、结构性的。当我们站在互联网发展的前沿谈论究竟是身处于消费互联网还是产业互联网时代时，被一波波浪潮夹裹的农村，也当从费孝通先生的"文字下乡"来到了"互联网下乡"的时代。乡村，如何在互联网塑造的全新社会中跟上前进的步伐，农耕文化的团体格局、礼俗道德、情感定向，在互联网的影响下，留下多少，改变了多少？我们应该以更宽广的视角来探究其中的关系。

党的十八大以来，习近平总书记就建设社会主义新农村、建设美丽乡村，提出了很多新理念、新论断、新举措。解决好"三农"问题成为全党工作的重中之重，取消农业税，持续加大强农惠农富农的政策力度，并在党的十九大报告中发出实施乡村振兴战略号召。目前，实施乡村振兴战略已经在各地如火如荼地开展，呈现良好开局，我国"三农"发展站上新起点，但同时也有不少困难和挑战。

乡村振兴开局良好

乡村振兴战略实施以来，各地方以农业供给侧结构性改革为主线，在农村管理体制、农产品流通体制改革、农业产业发展等多方面都取得了显著成绩。农业农村面貌焕然一新，乡村振兴开局良好。

一是在新的粮食安全目标下，粮食生产实现从"增产"到"提质"，农业结构不断优化，乡村产业全面开花。20多年前，美国学者莱斯特·布朗写了一篇文章《谁来养活中国?》，认为中国必然会出现粮食短缺，造成世界性的粮食危机。20多年过去了，中国的粮食产量取得了突飞猛进的进展。"谷物基本自给，口粮绝对安全"，在新的国家粮食安全目标指引下，不断稳定优化粮食生产。国家统计局数据显示，2018年全国粮食总产量13 158亿斤①，保持高位水平，继续处于丰收年景。"中国人的饭碗任何时候都要牢牢端在自己手上。我们的饭碗应该主要装中国粮。"全国共选择325个县开展粮食绿色高质高效整建制创建，推动落实粮食安全省长责任制，粮食年产量继续保持在1.2万亿斤以上，小麦、稻谷等口粮供给有保障，守住了口粮绝对安全的底线。从某种意义上讲，我国某些种类的粮食供给甚至多到库存过大，尤其是玉米、水稻和小麦，在一些地方多到仓库装不下。粮食库存多，是因为我们种植了大量用地少、产量高的高值农产品，而规避了占用土地多、单位面积产量低，比如大豆一类的低值农产品。大豆一类的农产品主要靠进口。在人多地少的现实情况下，将用地少、产值高的农产品出口与用地多、产值低的农产品进口来交换，是划算的。中国农业科学院发布的《中国农业展望报告（2018—2027年）》显示，未来10年，我国农业生产将保持稳健增长，农业结构持续优化，小麦生产结构调整成效明显，进口需求下降，大豆产量恢复刚性增长，并保持旺盛进口需求。农产品消费升级明显加快。在我们调研走访的农业园中，不断延长农产品产业链，促进农产品精深加工快速发展成为普遍趋势。比如山西黄土高原地貌适合枣类和核桃种植，很多地方在大枣和核桃基地旁边建立加工厂，生产加工枣片、核桃仁、枣夹核桃等多品类的休闲

---

① 1斤＝500克。

食品。农业产业基地和乡村产业集群大量涌现。据统计，2018 年，全国已建成各类乡村产业园 1 万多个，聚集了大量优势企业和品牌，带动 1 亿多小农户就业增收。这其中，农业科技、装备、人才等现代生产要素成为农业发展的主要驱动力。《中国农业农村科技发展报告（2012—2017 年）》数据显示，我国农业科技进步贡献率达 57.5%，主要农作物良种基本实现全覆盖，自主选育品种占比达 95%，耕种收综合机械化水平达到 67%。

二是农民生活水平显著提高，互联网经济催生多元化创业热潮。"返乡创业"和"职业农民"成为农业劳动力结构调整的关键词，农村创新创业风生水起。农村劳动力从生产环节向产前、产中、产后和非农产业多领域转移。在科技创新推动下，农产品加工率和附加值不断提高，面向市场需求的农业产业化经营规模继续扩大，种养、加工、销售、服务有机统一的经营模式逐步形成。乡村新业态层出不穷，实现"农业＋"多业态发展。"农业＋"林牧渔，催生了鸭稻共生综合种养等循环型农业。"农业＋"加工流通，催生了中央厨房、直供直销、会员农业等延伸型农业。"农业＋"文化、教育、旅游、康养等产业，催生了创意农业、康养农业等体验型农业。"农业＋"信息产业，催生了数字农业等智慧型农业。互联网经济带动作用下，不但各种网红橙子、网红苹果带动农产品销售，拍摄家乡好山好水、直播各种土味文化，单纯依靠流量换取收入的各类互联网新经济模式都在乡村扎根生长。互联网带来的智能革命浪潮使各式各样智慧的农机农具开始进入农村，农民告别了以前单纯的个体劳动，购买和租用现代化农机农具潮流出现，农业机械化越来越普及。规模化种植生产和现代农机农具的应用，催生职业化的农民和乡村科技领头人，各类新型经营主体涌现，科技成果转化率不断提高，科研人员合法合规分享成果权益，农业科研人才队伍总体规模不断壮大。国家统计局公布数据显示，2018 年，中国农民收入持续快速增长，农民人均可支配收入 14 617 元，同比增长 8.82%，农村居民人均可支配收入增速高于城镇居民收入。

三是贫困人口稳定脱贫基础不断夯实，"互联网＋"使贫困农民坐上时代快车。十九大把精准脱贫作为三大攻坚战之一。到 2020 年，确保现行标准下农村贫困人口实现脱贫，消除绝对贫困，确保贫困县全部摘帽，解决区域性整体贫困。实现贫困地区农民人均可支配收入增长幅度高于全国平均水平。实现贫困地区基本公共服务主要领域指标接近全国平均水平。精准扶贫工作开展以来，具体工作中存在"谁是贫困居民""贫困原因是什么""怎么针对性帮扶""帮扶效果又怎样"等不确定问题、扶贫中的低质、低效问题得到良好解决，让真正的贫困农户和贫困居民得到帮扶。据国务院扶贫办相关负责人介绍，现在做扶贫要利用信息技术，利用"互联网＋"来做，要坐上时代的快车。这方面已经有典型案例，2014 年开始，在甘肃陇南开展电商扶贫示范城市试点，甘肃陇南是甘肃交通最不发达的地方，和四川交界，2013 年时有 80 多万贫困人口，现在还有小 20 万。甘肃陇南的贫困人口通过"电商＋扶贫"，2015 年人均增收 430 元，2018 年人均增收 810 元。通过电商解决买难卖难的问题，甘肃陇南的农特产品现在没有卖不出去的了。据国务院扶贫办估计，截至 2018 年底，我国现行标准下农村贫困人口约减少 85％以上，贫困村约退出 80％左右，贫困县脱贫摘帽 50％以上。联合国开发计划署发布的《联合国千年发展目标报告》明确指出，"中国在全球减贫中发挥了核心作用"。中国精准扶贫的新理论、新实践也为全球减少贫困提供了中国范例。

> ▶ 小知识：**精准扶贫**

精准扶贫是以习近平总书记为核心的党中央提出的扶贫理念。

2013 年 11 月，习近平到湖南省湘西土家族苗族自治州花垣县十八洞村考察时首次提出了"实事求是、因地制宜、分类指导、精准扶贫"的重要指示。

2014 年 8 月 1 日，国务院决定从 2014 年起，将每年 10 月 17 日设立为"扶贫日"，设立"扶贫日"是继续向贫困宣战的一个重要的举措，也是广泛动员社会各方面力量参与扶贫开发的一项重要的制度安排。

2015 年 6 月，习近平在贵州就加大推进扶贫开发工作又全面阐述"精准扶贫"概念，提出"六个精准"。"精准扶贫"成为各界热议的关键词。

2015 年 10 月，习近平在 2015 减贫与发展高层论坛上发表题为《携手消除贫困 促进共同发展》的主旨演讲，阐述中国政府在全面建成小康社会进程中全面推进扶贫攻坚的举措。

2015 年 11 月，中央扶贫开发工作会议通过了《中共中央、国务院关于打赢脱贫攻坚战的决定》，对"十三五"期间的扶贫开发工作进行全面部署。《决定》提出了十项精准扶贫方略，是打赢脱贫攻坚战的基本途径和具体抓手。

"六个精准"是指：扶贫对象精准、措施到户精准、项目安排精准、资金使用精准、因村派人精准、脱贫成效精准；

实施"五个一批"是指：发展生产脱贫一批、易地搬迁脱贫一批、生态补偿脱贫一批、发展教育脱贫一批、社会保障兜底一批。

来源：根据相关资料整理。

四是普惠金融支撑作用初显，互联网技术提升农村信贷风控水平。我国普惠金融重点在乡村，银行业金融机构通过扶贫小额信贷帮扶贫困户，发挥普惠金融的作用是中央对涉农商业银行的要求。而长期以来，农村信用问题和信贷风控成为普惠金融实施的绊脚石。互联网记录数据全面、加密性好等特点在解决农村小额信贷中发挥了重要作用，特别是一些较大的商业银行，利用先进的区块链技术，对农村信贷风险防控进行了创新性的探索。目前，我国绝大部分地方陆续禁止了"户贷企用"扶贫小额贷款的发放模式，并特别关注贷款对象的信用水平、劳动能力以及贷款用途，这在很大程度上降低了扶贫贷款的信用风险，更好地维护了社会整体的金融环境。在发放小额贷款促进脱贫攻坚方面，近几年，活跃在县域地区的小额贷款公司逐步探索出的业务和风控模式，在一定程度上弥补了正规金融空白，同样功不可没。同时，各大保险公司陆续推出了产业扶贫、电商扶贫和农险扶贫等基于保险业务特质的产品，在扶贫方面同样有新作为。地方性的保险机构则是更多地依据地方产业特征，深挖、创新农业价格保险。这意味着保险扶贫也不再只是拘泥于"输血"作用，而是更深层次地兼顾了其风险防控的"本源"作用，有助于提升农村整体特别是贫困地区的经济发展质量。

五是公共服务供给正在实现从"有"向"优"，乡村环境更宜居。农村人居环境整治工作是实施乡村振兴战略的第一场硬仗。目前农村"厕所革命"、农业农村污染治理、畜禽粪污治理和资源化利用、非正规垃圾堆放点排查整治等一系列工作卓有成效。随着投入的逐步加大和改革的深入推进，我国农村基础设施和公共服务供给正在实现从"有"向"优"、由

"少"到"多"的转变，从城乡二元逐渐向均等化、一体化迈进。2018年
2月，中办、国办印发《农村人居环境整治三年行动方案》，各地纷纷强
化制度供给，作为"千村示范、万村整治"工程孵化地的浙江，在农村人
居环境整治、美丽乡村建设方面形成了典型范例。浙江坚持不懈推进"千
万工程"，与时俱进建设美丽乡村，践行"两山"理念，推动农村生态建
设，形成了"村村有美景，处处皆画卷"的生动景象，成为乡村人居环境
治理典范，挥之不去的乡愁、念兹在兹的记忆与蓬勃发展的经济有机融合
在一起。

乡村振兴面临较多挑战

乡村社会是中国传统伦理社会的一个缩影。鲜明地体现出中国农耕社
会的生产方式和以此形成家庭化、家族化伦理道德。正像梁漱溟先生在
《中国文化要义》中对中国传统社会的描述一样：小农小工小商、零零散
散各为生业，生产家庭化，举一家子石印馆、一家子铁匠铺，无论种田，
做工或做买卖全靠一家大小共同努力，俗所云"父子兵"，天然成为相依
为命的样子。

乡村振兴要求与现代化的生产方式接轨，必然对传统生产和由此形
成的伦理规范形成挑战。农村的发展和改革远比城市复杂，某些地方农
村的管理乱象与政策大力倡导的现代化格格不入，新农村建设愿景与现
实存在反差，拖累乡村振兴战略实施，阻碍城市化进程。从一些地方的
情况看，呈现的状况和态势尚未达到预期。加之城镇化进程中大量精英
逃离农村，"农村空心化"状态又引发了农业生产、农村基本建设和农
村管理等整体空心化的连锁反应，导致农村社会涅槃更加艰难。倘若农
村这条腿不补齐，不单会拖累全面建成小康社会，城乡发展的严重失衡
还会阻碍城市化的进程。当前，新农村建设过程中出现一些问题值得引
起重视：比如，乡村治理方式和治理能力需要不断提高，农村经济基础
薄弱，黄赌毒风气日盛社会问题突出等。具体来说，包括以下一些
方面：

一是乡村治理方式和治理能力需要不断提高。近年来，随着农村改革
不断推进，传统的政策措施越来越难以应对农村群众日益增多、复杂多元

的利益诉求，导致不同利益主体之间的摩擦和冲突频发，对乡村干部治理方式和治理能力提出很大挑战。

当前，乡村治理矛盾主要表现在：行政管理手段简单，微腐败多发。上级部署的工作，都让基层签个责任状，导致出现官僚主义、形式主义。现在许多地方把"一票否决"当做框，什么都往里面装，基层极易出现疲于应付、弄虚作假现象，不按规矩办事的"一票否决"让基层骨干苦不堪言。随着扶贫惠农政策陆续出台，农村可供调配的资金、资源等逐渐增多，极易成为"苍蝇"们贪腐的温床。同时，部分村霸盘踞乡村多年，横行乡里、欺压百姓，打黑除恶尚需时日。家族势力、宗派势力在农村治理中影响突出。一些村子存在基层党建"家族化"的苗头和隐忧。老支书要调动家族力量为村子做贡献，在客观上为家人入党提供了群众基础，久而久之，党支部特别是一些重要岗位上，难免会出现家人的身影。在集体经济管理等方面，领导职务往往由老支书亲自兼任或直系亲属来担当。一些村子的村民反映，子女接班的趋势很明显。有的农村黑恶霸痞势力借助家族、宗派势力，操纵、控制农村"两委"换届选举，把持基层政权，侵吞集体财产，强占集体资源，为个人、家族牟取非法利益。村级群众代表和村务监督委员会大都无能为力，民主选举在有些地方仍然是形同虚设。熟人政治、家族势力自治的现象难以在短时间内改变。乡村干部改革发展的专业化知识不够。有媒体报道称，一些乡村在股权划定时缺少对必要集体股的认识，"吃光分净""一股了之"等思想不断蔓延。一位村干部介绍，当地大多数村经济基础薄弱，基本靠上级转移支付和发包村里机动地过日子，但每年村里开支不少，除了村干部工资，还有村里环境整治，村委会办公和日常维护经费存在无法保障的隐忧。此外，股权改革后对管理要求提升了，但干部知识更新没有跟上，亟须一批懂现代化金融知识的年轻基层干部。此外，一些原有的传统乡村经济发展模式出现瓶颈，发展模式阻碍经济转型升级。一篇在网络上热传的文章《中国最富村负债 389 亿，天下第一村华西村到底经历了什么？》引发人们对华西村、南街村等集体经济标杆的高度关注。明星村面临欠债数目较大、发展壮大高度依赖能人、面临市场冲击等诸多问题，亟须转型升级。昔日明星村庄的褪色反映了明星村庄所面临的困境：传统发展模式很难接续、走到尽头，亟须注入新的发展动能。过分依赖能人强人，缺乏制度化发展模式。有学者认为，南街村等明星村倡导的价值观念与现在的市场经济相比较为落后，理念也跟当前的社会环境相矛盾。在村内搞平均主义、大锅饭，不让村民参与市场竞争，计划经济的体制不能应付市场经济的外部环境。

二是农村经济基础仍薄弱，金融需求强烈，成为网络金融诈骗等新型犯罪重灾区。作者曾经走访的湖北省监利县是湖北重要的水稻产区，据当地农业合作社和种粮大户反映，当地农村金融服务水平较低。监利县目前镇一级的农业银行、农信社和邮政储蓄银行都没有放贷权，农村资金只吸不放，贷款手续繁琐，涉农金融创新能力不足，导致农民只能转向民间借贷。政策性保险保障水平太低，对农民没有吸引力。监利县水稻保险 1 亩最高赔偿 200 元，但农民物化投入就在 400 元以上，难以起到抵御风险的作用。监利县黄歇口镇周易田村种粮大户万方儒说，自己曾流转了 480 亩①地，每亩价格 400 元，光租金就将近 20 万元，但从银行很难贷到款，即使贷到款，额度也很小，还要有吃财政饭的人担保。监利县农村信用联社负责人表示，涉农贷款少的主要问题是承包经营权、宅基地等无法抵押。此外一些农户信用意识淡薄，目前涉农不良贷款比率高，但法院执行率比较低，70%没有执行。此外，涉农补贴优惠政策少。监利县周老镇陈沱村三丰农机专业合作社社长表示，规模经营的自然风险和市场风险较大，但国家扶持政策少，合作社除了得到 50 万元的集中育秧实施补贴外，就再没有其他的补贴了。农村在乡村振兴道路上强烈的金融需求，却成为了各类型金融诈骗的重灾区。据媒体报道，四川凉山州发现龙绥国际投资有限公司在群众中宣传"亮剑扶贫"项目，以"精准扶贫"、"共同富裕"为口号，以建设现代化新农村、免费提供住房、免费领取救济金为幌子，通过微信群拉人头的方式在各个乡镇大量发展会员，并要求会员提供个人信息，比如，身份证号码、银行卡号、家庭住址、家庭成员、联系电话等，同时到银行开通手机银行业务、签订保密责任书等，以办理相关手续、证件等为由骗取钱财。还有一些诈骗者打着"普惠金融"的旗号，提供虚假收益的理财产品。

三是部分贫困地区贫困户拒脱贫、"等靠要"思想突出。在我国一些集中连片的地区，贫困户中存在较为突出的"等靠要"思想，不配合脱贫

---

①　1 亩＝1/15 公顷。

甚至抗拒脱贫的现象难以根除，"精神贫困"正成为脱贫攻坚路上难过的坎坡。山西娄烦贫困县一小学生作文刷爆朋友圈，该文章称，由于看到一些贫困户"什么也不干，就能享受各种扶持、优待"，让人"欣羡"，该小学生称"我长大后一定要成为一个贫困户"。当下，产业扶贫是脱贫致富的根本途径，在扶贫的过程中，特别强调了要把扶贫和扶志、扶智相结合。就是要避免单纯的资源输送和财政补贴造成养懒汉、混日子的情况，为了完成脱贫任务，一些地方采取了超常规手段，贫困户能享受多重真金白银的政策利好，一旦被评为贫困户，就能享受各种政策，贫困户主观不愿脱贫现象时有发生，"比穷不比富"，不但难以起到扶贫的真效果，反倒对村庄传统价值观与秩序冲击很大。贫困地区普遍市场经济发育程度低，脱贫产业普遍小、散、弱。很多地方是实力不强的新型经营主体松散地带动贫困户发展，产业质量并不高，地方的扶贫项目要科学设计短期项目与长期相结合，不能都是五六年才见效的，让农民等不起，要形成合理产业扶贫体系，杜绝拒脱贫、等靠要等思想。

四是农村社会问题冗杂，低俗文化弥漫。当前，农村经济建设处于"加速度"，但文化建设却未能匹配，文化信息和文化传播在此断流，以致农村不仅是封建文化思想的阵地，还被"牌＋麻将＋低俗表演"所包裹，在互联网快速接入乡村社会的过程中，各类信息的获取更加方便，大量留守儿童教育引导缺失，网瘾成疾，一些乡村青少年深陷游戏不可自拔，除了睡觉，哪怕吃饭、上厕所，都在网络游戏中度过。有些农村地区赌博之风盛行，并趋向多样化和隐蔽化。还有的利用网络隐蔽性强的特点，用一些非法手机 APP 投注，更有邪教组织钻空子在农村渗透蔓延，信教的故事林林总总在农村传播，形成很多小型家庭教会。教会扩张速度快，有的在正规教堂里传播歪理邪说，有的干脆组建家庭教会骗老人妇女入教然后从事邪教活动。乡村社会价值观、道德秩序扭曲。个别地方，靠非法手段挣了钱的妇女和靠暴力谋取利益的"混混"成为村民羡慕的对象。丧葬脱衣舞盛行，靠香艳刺激的表演能吸引他人围观，并作为人丁兴旺，对逝者尊重的象征。人情消费支出剧增，天价彩礼层出不穷，有些村子红白喜事礼金年年翻倍，铺张浪费、炫耀攀比等人情消费现象仍屡见不鲜，人情成本消解贫困治理成果，阻碍乡村振兴战略实施。一份对全国 31 个省份（港澳台除外）273 个村庄 3 829 个家庭的问卷调查发现，超六成农户认为"宁可负债，不能欠情"，出礼的时候"爱惜名声"不敢不出，收礼的时候害怕吃亏不愿不收，所以很少有人主动对礼金说"不"，即使偶有"异类"也难撼风气。山寨食品普遍，成健康"隐形杀手"。农村成假货山寨食品的主要销售集散地，在小超市、小卖部、集市等地方泛滥。"六个核桃"变"六个土核桃"，"Coca Cola 可口可乐"变"Cole 可乐"，不少农村孩子长期食用山寨食品，山寨食品已经成为危害健康的"隐形杀手"。甚至在一些地区还出现了"造假村""贩毒村""诈骗村""乞丐村"，使农村成为精神文明的洼地，与新时代文化建设严重脱轨。

五是农村生态环境形势严峻，污染问题突出，治理难度大。造成农村污染的因素有很多，突出表现在废弃物品无序堆放，垃圾处理呈现无人收集、无车运输、无场处理的尴尬局面。污染日复一日，水土污染持续加剧，化肥农药超标使用，农业生态遭受破坏。据前瞻产业研究院测算，2017 年我国农村生活垃圾产生量约为 1.8 亿吨，人均垃圾产生量为 0.8 千克/天，其中至少有 0.7 亿吨以上未作任何处理。近年来，中央和地方农村污水治理力度不断加大，但目前仍有大量的建制村未建设污水处理设施，农村污水治理面临资金不足问题，粗略测算还需投入 1.6 万亿元。在没有市场化融资渠道的情况下，大多数地区的乡镇政府难以承受建设及运行费用。目前许多农村已建的污水处理设施因缺乏后期运营资金而成了"晒太阳"工程。农村改厕任务备受考验。据媒体报道称，各地在农村改厕推进过程中遇到了一些挑战。有的地方新厕所没墙没顶，农民上厕所成了"打游击"。究其原因，建设标准过高，地方配套资金不够，农民自筹积极性不高。有的北方地区，冬天气温低，储水器上冻时间长，无法冲水，如厕成了大难题。有的地方缺乏维修管理人员，厕所坏了没人管、不会修。建一个干净卫生的厕所，对农村来说成了需耗费巨大精力解决的难事儿。《全国农村环境综合整治"十三五"规划》显示，目前我国仍有40％的建制村没有垃圾收集处理设施，78％的建制村未建设污水处理设施，40％的畜禽养殖废弃物未得到资源化利用或无害化处理，由此可见，农村环境"脏乱差"问题依然突出。

这些困难和挑战，都是我们在乡村振兴的道路上必须面对和克服的。而当互联网加速融入农村经济和农民生活的时候，为农业和农村的发展注入了新的动力，农村的生产组织和生活方式受到互联网的巨大影响，"农民不在田里在网上，农民不在村里在群里"，我们同样无法预知未来互联网对农村社会的变革会有多深刻，但可以确信的是，没有现代化的农业就不可能最大限度解放农村生产力，产业兴旺、生活富裕就无从谈起，适应新形势，培育新动能，深入推进农业供给侧结构性改革，是实现农业现代化、乡村振兴的根本所在。在这一方面，互联网大有可为。

第一章　互联网与乡村信息化

　　"互联网＋农业"是我国积极推进的"互联网＋"行动的重要组成部分，是利用移动互联网、大数据、云计算、物联网等新一代信息技术与农业的跨界融合，通过资源整合、信息共享和要素互联，创新基于互联网平台的现代农业新产品、新模式和新业态。随着移动互联网与农业全产业链的进一步融合，包括农业流通电商化、服务多元化、生产智能化、产业生态化等农业创新模式已不断涌现，农产品质量安全追溯、农兽药基础数据、重点农产品市场信息、新型农业经营主体信息等数据平台逐步建立。电脑和手机，不再单单是农民手中的生活用品，更变成了关注农情变化，指挥农业生产，对接瞬息万变市场的"新农具"。

农业竞争是互联网科技的竞争

　　2018年6月2日，我国在酒泉卫星发射中心用长征二号丁运载火箭成功发射高分专项高分六号卫星。高分六号卫星是国内第一颗搭载了能有效辨别作物类型的高空间分辨率遥感卫星，将与在轨的高分一号卫星组网运行，大幅提高农业对地监测能力，加速推进天空地数字农业管理系统和数字农业农村建设，为乡村振兴战略实施提供精准的数据支撑。据媒体报道称，"高分六号"首次在卫星传感器中配置了能有效反映作物特有光谱特性的"红边"波段，能够显著提升作物精准识别能力，可以实现对玉米、大豆、棉花、马铃薯等同期生长的大宗作物和大蒜、生姜、枸杞等经济作物的田块级精细识别，为高精度、定量化的农业生产过程和农业资源环境要素监测提供可靠的支撑手段。高分专项应用系统副总工程师也表示，"高分六号"精、宽、高的功能特点，适应了农业监测时效性和准确性高、覆盖范围广的要求，是我国有史以来最符合农业需求、最接地气的遥感卫星，也可以称为"中国农业一号卫星"。

而更具有积极意义是，高分一号等系列卫星提供的高时空分辨率遥感数据，使农业资源调查的范围扩大、频率提高、精度提升、成本降低。特别是在年度全国冬小麦、北方水稻等作物种植面积变化监测、资源本底调查中，实现了高分卫星数据全部替代国外同类数据，打破了农业遥感监测中分辨率和高分辨率数据长期依赖国外卫星的局面。同时，农业农村部将与国防科工局、国家航天局等部门建立战略合作关系，推动实施农业"天网"工程，加快建设农业专属卫星星座，努力形成全覆盖、高空间分辨率、高时间分辨率的新型农业遥感观测体系，全面提升农业农村数字化网络化智能化管理水平，精准支撑乡村振兴战略实施。

▶ **小知识：高分专项卫星**

中国高分辨率对地观测系统是我国中长期科学和技术发展规划纲要（2006—2020年）的16个重大科技专项之一。该系统将统筹建设基于卫星、平流层飞艇和飞机的高分辨率对地观测系统，完善地面资源，并与其他观测手段结合，形成全天候、全天时、全球覆盖的对地观测能力，由天基观测系统、临近空间观测系统、航空观测系统、地面系统、应用系统等组成，于2010年经过国务院批准启动实施。在工业和信息化部、发改委、科技部、财政部等成员单位的共同组织和管理下实施。

高分专项卫星数据已为国土土地利用调查，矿产资源开发现状调查与监测，环保大气环境和水环境监测，农业作物估产和长势监测，水利洪涝灾害监测及水利设施监测，统计农业生产监测，地震灾害监测等行业部门应用，以及北京、河北、新疆等地城市精细化管理，中小城镇开发现状监测，区域经济作物监测等区域应用发挥了重要作用。

高分卫星的发射将进一步完善高分专项建设，推动高分辨率卫星数据应用，为土地利用动态监测、矿产资源调查、城乡规划监测评价、交通路网规划、森林资源调查、荒漠化监测等应用提供服务支撑。

来源：根据相关资料整理。

实际上，以提高农业生产效率、保障国家粮食安全为目的，各国都在农业科技领域不断发力。而最重要的就是借助互联网产业快速发展的契机实现农业领域的信息化、智能化。比如，美国农业部于 2018 年底宣布启动农村地区宽带建设的计划。美国农业部宣布将通过其"再连接计划"提供高达 6 亿美元的贷款和补助，帮助农村地区建设宽带基础设施。美国农业部将提供 2 亿美元的补助，2 亿美元贷款和补助组合以及 2 亿美元的低息贷款。美国农业部农村发展局将负责实施这项计划。农业部长桑尼·珀杜称，市政当局和电信公司可以申请该项资金，前提是该计划资助的项目服务于少于两万人、没有宽带服务或服务速度低于 10 兆比特每秒（mbps）的下载和 1 兆比特每秒的上传速度的社区。据联邦公报称，这些项目必须将连接速度提高至至少 25 兆比特每秒的下载速度和 3 兆比特每秒的上传速度。评定标准包括连接农业生产和销售、电子商务、医疗保健和教育设施。美国农业部的研究发现，高容量宽带对于农村地区增长和吸引业务、留住和发展人才以及维持农村生活的质量的能力至关重要。珀杜表示，高速的互联网电子连接对生活质量和经济机遇至关重要，并希望今天的农村社区能够启动农村宽带项目规划。

同样农业产业极为发达的澳大利亚维多利亚州也在 2018 年启动了农场物联网试验，作为数字农业倡议的一部分。该试验是工党政府 2 700 万澳元（约 1.37 亿元人民币）数字农业投资的最重要部分，将研究从网络连接一直到农场物联网应用程序的问题。该试验是工党政府"连接维多利亚"倡议的一部分。它将涵盖主要的农业领域，如乳制品、园艺、肉类生产和大田种植。借助试验中使用的物联网解决方案，农民将能够做出更明智的决策并提高农场业绩。目前，工党政府已经要求公司提交投标书，以建立物联网网络，网络的建立可提供使用农场物联网解决方案所需的连接。投标要求为以下四个试验区域建立物联网网络。在此之后，第二个要求将邀请农业物联网供应商提交建议书，为试验中包含的四种农场类型提供应用程序和设备。维多利亚农业部门也将很快招募农民参加试验，参与试验的农民将能够选择在他们的农场试用哪些物联网解决方案。这将由维多利亚州农业部门提供财政支持。

近 30 年来，中国互联网取得了举世瞩目的发展成果，互联网基础设施、网民数量、互联网产业规模等均取得快速发展。网络日益普及，对社会环境和人民生活的影响越来越深刻。为适应互联网发展的新形式、新变化，国家相继制定了网络强国战略、"互联网＋"行动计划和国家大数据战略，为中国互联网未来发展指明了方向。同时，国内网络舆论环境以及全球互联网治理所面临的问题也受到关注，成为中国互联网发展面临的重要课题。

2014年2月27日，习近平总书记在中央网络安全和信息化领导小组第一次会议上初步提出了建设网络强国的愿景目标，并系统阐释了网络强国战略思想的时代背景、形势任务、内涵要求。习近平总书记指出，建设网络强国，一是要有自己的技术，有过硬的技术；二是要有丰富全面的信息服务，繁荣发展的网络文化；三是要有良好的信息基础设施，形成实力雄厚的信息经济；四是要有高素质的网络安全和信息化人才队伍；五是要积极开展双边、多边的互联网国际交流合作。2015年10月，党的十八届五中全会通过的《中共中央关于制定国民经济和社会发展第十三个五年规划的建议》，明确提出实施网络强国战略。2016年7月，中共中央办公厅、国务院办公厅印发《国家信息化发展战略纲要》，提出了建设网络强国的"三步走"计划：第一步，到2020年，核心关键技术部分领域达到国际先进水平，信息产业国际竞争力大幅提升，信息化成为驱动现代化建设的先导力量；第二步，到2025年，建成国际领先的移动通信网络，根本改变核心关键技术受制于人的局面，实现技术先进、产业发达、应用领先、网络安全坚不可摧的战略目标，涌现一批具有强大国际竞争力的大型跨国网信企业；第三步，到21世纪中叶，信息化全面支撑富强民主文明和谐的社会主义现代化国家建设，网络强国地位日益巩固，在引领全球信息化发展方面有更大作为。

2015年7月，国务院印发《关于积极推进"互联网＋"行动的指导意见》，这是推动互联网由消费领域向生产领域拓展，加速提升产业发展水平，增强各行业创新能力，构筑经济社会发展新优势和新动能的重要举措。《国务院关于积极推进"互联网＋"行动的指导意见》指出，到2018年，互联网与经济社会各领域的融合发展进一步深化，基于互联网的新业态成为新的经济增长动力，互联网支撑大众创业、万众创新的作用进一步增强，互联网成为提供公共服务的重要手段，网络经济与实体经济协同互动的发展格局基本形成。经济发展进一步提质增效，社会服务进一步便捷普惠，基础支撑进一步夯实提升，发展环境进一步开放包容。到2025年，网络化、智能化、服务化、协同化的"互联网+"产业生态体系基本完善，"互联网+"新经济形态初步形成，"互联网+"成为经济社会创新发展的重要驱动力量。

在传统的农业生产中，每一季农作物的收成都得"看天吃饭"，面临不同的地理条件、环境气候等一系列因素，农业旱涝保收始终是个持续性话题。另一方面农业基础设的薄弱以及人力成本的提高，也对收成造成了很大程度的影响。互联网以及由此衍生出的智慧科技彻底改变了农业的生产方式。"互联网+农业"远非开几个农村电商那么简单。而是充分发挥互联网等信息技术在农业生产要素配置中的优化和集成作用，通过农业每个生产经营环节的数据化管理和服务，实现信息技术与农业生产、经营、管理服务各个农村经济社会各领域的深度融合。"互联网+农业"本质上是农业生产经营方式的创新，目标是要实现农业生产由粗放、低效向精准、高效转变。精准农业不再像传统农业生产一样"靠经验""靠天气"，而是"靠数据""靠机器"。比如，使用精准农业系统，可以在施用种子、化肥、农药或灌溉时，何时何地以及用量等问题都能给出比较精确的答案。

在农业大数据、物联网、人工智能、区块链等"互联网+农业"前沿技术方面，发达农业国家有着较为丰富的探索自动化农业方面的经验，如通过农业大数据从种子采购到施肥管理、无人机和卫星监控生长情况实时病害分析、农药选择性喷洒，有效地提升了农作物的产量与稳定性，并能够对可能发生的灾害做出最正确的应对措施。通过农业物联网对农田杂草、施肥、虫害等情况进行判断，并结合深度学习技术，给农场主最佳的营养建议、气候建议，并可对产量进行预测。在农业机器人方面，如剪羊毛机器人、挤奶机器人、放牧机器人产品等等。

可以说，乡村互联网基础设施的不断完善，"互联网+"农业产业的不断发展，正扭转着以往靠天吃饭的局面。我国互联网农业市场还处在初级阶段。未来发展空间广阔，也为乡村振兴提供了极佳的"弯道超车"的机会。

农业与大数据

如今，我们的生活已经被"数据"包围，互联网全面融入社会生活，社会生产生活的方方面面由数据来记录，在数据中体现，我们通常所认为的"信息爆炸"时代里，信息积累速度不断加快，信息积累总量不断增加，终于由量变带来质变，对数据的研究和利用变成一种商业资本，开始创造源源不断的经济价值。"数据"成为现代社会的"石油"，于是创造出了"大数据"的概念。大数据目前已经在包括农业电子商务、农业气象在内的社会生活多个领域得到广泛应用。通过大数据分析预测消费趋势、地域消费特点、客户消费习惯、各种消费行为的相关度、消费热点、影响消费的重要因素等成为普遍的行业发展趋向。同时可以依托大数据分析，指导产品的设计、生产、库存管理等。中国产业发展研究网预计，到 2020 年，中国大数据产业市场规模将达 8 000 亿元以上，复合增长率超过 50％。其中，中国大数据应用市场规模预计将从 2015 年的 110.56 亿元增长至 2020 年的 5 019.58 亿元。前瞻研究院发布的《2016—2021 年中国大数据产业发展前景及投资战略规划分析报告》显示，2016—2018 年，我国大数据市场规模将维持 40％ 左右的高速增长。智研咨询发布的《2016—2022 年中国大数据市场运营态势及投资战略研究报告》显示，2018 年中国大数据市场营销规模有望提升至 258.6 亿元，较 2015 年的 100 余亿元翻番。对于大数据的准确定义，目前没有一个权威的说法。麦肯锡全球研究所给出的定义是：一种规模大到在获取、存储、管理、分析方面大大超出了传统数据库软件工具能力范围的数据集合，具有海量的数据规模、快速的数据流转、多样的数据类型和价值密度低四大特征。美国研究机构 Gartner 对大数据的定义是：大数据是一种海量、高增长率和多样化的信息资产，通过新的处理模式，大数据能发挥更强的决策力、洞察发现力和流程优化能力。大数据与云计算的结合进一步提升了管理系统的效率和安全性。例如，建立在云计算基础之上的农情调度系统将日常运营管理和应急管理统一在云端运行，不仅能提高农业资源利用效率，也大幅提升了医疗数据的安全性，同时也实现了信息跨地域、跨部门共享，有助于实现更大范围的精准农情调度。

基于大数据的巨大应用前景，2015 年 9 月，国务院印发《促进大数据发展行动纲要》，赋予了大数据作为建设数据强国、提升政府治理能力推动经济转型升级的战略地位。2015 年 10 月，党的十八届五中全会通过《中共中央关于制定国民经济和社会发展第十三个五年规划的建议》，明确提出实施国家大数据战略。2016 年，国家加大了对大数据应用的推动力度，批复了京津冀等 7 个国家级大数据综合试验区和超过 10 个大数据国家工程实验室；同时，出台了关于大数据发展的指导意见，继续推动大数据在各垂直领域的应用进程。

实施国家大数据战略，是综合分析评估当下大数据领域形势后作出的决定，大数据成为推动经济转型发展的新动力。以数据流引领技术流、物质流、资金流、人才流，将深刻影响社会分工协作的组织模式，促进生产组织方式的集约和创新。大数据成为重塑国家竞争优势的新机遇。在全球信息化快速发展的大背景下，大数据已成为国家重要的基础性战略资源，正引领新一轮科技创新。

最初的农业大数据应用，仅限于为农民收集并传输农田数据，或者卖给一些对冲基金做农业期货交易。大多数农民并不懂如何处理数据，更没学过如何将数据和农用设备融合使用，数据的价值没有被挖掘出来。如今，围绕大数据的使用、分析、服务，已经遍布在整个农业生态链条里。大数据的作用，主要集中在：种子培育：用新的检测和图谱绘制方法发现和获取作物基因组，更快地把"数据"变成更好的产品；大数据使粗放的农业生产变为精准的农业生产，通过卫星拍照、传感器监测等手段为农民提供更详细的土壤信息，从而产生分析、见解和更好的决定，再通过精准农业技术进行部署；大数据还能对作物生产加工过程进行追踪，并对农产品供应链带来巨大改变，比如利用传感器和数据分析来预防食品变质和食源性疾病。

有关农业大数据的应用，在农业较为发达的国家和农业跨国巨头中有不少探索和尝试。很多新兴的农业科技公司把收集、汇总和分析众多田地的数据作为开发农业大数据的重要方面。然后通过对整体数据的分析向农户和农民提供更具个性化和精准度的种植方案，根据对气候土壤条件的分析，每块田地如何播种、将有怎样产出规模，都有数据支撑的模型。数据也让农户的判断从传统的经验型走向了量化的分析，每位农民能够根据自身特定需求制定完善的种植、生产策略，实现更好性价比。实现"数据"让农民种植更有数。我们不妨以著名农业跨国巨头孟山都的一些做法来看看大数据在农业中的具体应用场景。

设立于美国密苏里州圣路易斯的孟山都是德国制药及化工跨国集团拜耳旗下农业生物技术部门，该公司目前也是基因改造种子的领先生产商，占据了多种农作物种子 70％的市场，而在美国本土，更是占据了整个市场的 90％。2012—2013 年，孟山都先后收购了基于农业大数据技术的精准播种公司 Precision Planting、气候公司 The Climate Corporation，掀起农业大数据的热潮。

精准播种公司 Precision Planting 是位于美国伊利诺伊州的一家通过大数据分析帮助农民实现非均匀播种的种植技术公司。该公司的最大特点就是通过对土壤相关数据的分析实现非均匀密度的播种，在 Precision Planting 提供的监测平台帮助下，农民可以驾驶播种机在不同区域位置、不同土壤情况下进行不同农作物品种的不同间距、深度播种，从而极大优化农作物的种植，并实现差异化灌溉，最终促成农作物增收。在 Precision Planting 公司精准播种的操作界面图中我们可以看到，不同的色块提示了土壤各方面的条件，而热度显示出了该块土地应该播种的作物密度。

精准播种公司 Precision Planting 网站页面

同样的，气候公司 The Climate Corporation 同样可以通过采集空气温度、空气湿度、大气压强、光照强度等与作物种植相关的环境数据而为作物生长的品质管理提供支撑。

农业气候公司 The Climate Corporation 网站页面

农业与物联网

国际电信联盟对物联网的定义是：通过二维码识读设备、射频识别装置、红外感应器、全球定位系统和激光扫描器等信息传感设备，按约定的协议，把任何物品与互联网相连接，进行信息交换和通信，以实现智能化识别、定位、跟踪、监控和管理的一种网络。2017 年工业和信息化部发布《信息通信行业发展规划物联网分册（2016—2020 年）》提出，到 2020 年，我国具有国际竞争力的物联网产业体系基本形成，包含感知制造、网络传输、智能信息服务在内的总体产业规模突破 1.5 万亿元，智能信息服务比重大幅提升。推进物联网感知设施规划布局，公众网络 M2M 连接数突破 17 亿。物联网技术研发水平和创新能力显著提高，适应产业发展的标准体系初步形成，物联网规模应用不断拓展，泛在安全的物联网体系基本成型。

物联网在工业、农业、城市管理、物流等领域得到广泛应用。例如，把感应器或感知设备安装在矿山设备、油气管道等危险环境中，可以感知设备机器、工作人员等方面的安全信息，将现有单一、分散、独立的网络监管平台提升为多元、系统、开放的综合监管平台，以实现快捷响应、实时感知、准确辨识和有效控制等。

在这一方面，国内很多农业科技企业开发出农业物联网平台和软件，比如，农业环境监测物联网设备中的物联网气象站可以监控田地中的温度、湿度、光照、风力等环境信息；农业物联网设备中的土壤监测仪则可以实时监控农田土壤的水分、肥力、温度等信息，并可以将数据实时发送到用户的手机端。为科研机构、农业公司及农户提供土壤检测和病害诊断服务，并提供专业土壤营养管理指导意见。一些农业科技公司把物联网技术和大数据分析技术综合运用起来，打通农业数据壁垒，形成一整套的智慧农业管控体系。通过传感器、传输模式和数据分析，更好地探索农作物的生长规律，对生长情况进行实时监测和预警，并及时应对外部环境变化。因地制宜形成多种传输方案。目前，不少农业物联网设备已经走出实验室，在实际农业生产中发挥了重要作用，并且在精准度、实时性、可靠性方面都在不断提升。物联网设备采集的数据对农业产业预测变化、农作物健康监测和农业产出预测等发挥着越来越重要的作用。

农业物联网设备

农业与人工智能

人工智能是研究、开发用于模拟、延伸和扩展人的智能的理论、方法、技术及应用系统的一门新的技术科学。目前，人工智能技术已经在金融、安防、医疗、教育、交通、语音识别等领域得到运用。例如，通过自然语言处理技术，计算机可以将语音转换成文字，进而实现语音输入、人机语音交互等操作。在机械、能源等领域技术的基础上，结合人工智能，就能制造出具有自我学习能力的智能机器人。2019年2月，美国总统特朗普签署执行令，启动美国人工智能计划，涉及人工智能5个重要方面：研发经费方面，联邦机构优先考虑人工智能投资，并报告资金如何使用；资源投入方面，联邦政府向研究人员提供更多数据、算法、资源；治理准则方面，监管机构制定相关治理指南和技术标准等；建立人工智能相关人员队伍方面，呼吁各机构建立研究资金和培训项目，开展学徒制；在人工智能研发和产业方面与其他国家开展合作，保护本国的安全利益和技术优势。

中美之间，在互联网科技竞争，尤其是人工智能竞争方面已经日趋白热化。实际上，早在 2017 年 7 月，国务院就印发我国《新一代人工智能发展规划》，提出人工智能发展"三步走"战略目标：第一步，到 2020 年，初步建成人工智能技术标准、服务体系和产业生态链，人工智能核心产业规模超过 1 500 亿元，带动相关产业规模超过 1 万亿元。第二步，到 2025 年，人工智能产业进入全球价值链高端，人工智能核心产业规模超过 4 000 亿元，带动相关产业规模超过 5 万亿元。第三步，到 2030 年，人工智能产业竞争力达到国际领先水平，人工智能核心产业规模超过 1 万亿元，带动相关产业规模超过 10 万亿元。硅谷最强智库之一的 CB Insights 日前发布 AI 100 2019 报告，在 100 家最有前景的 AI 初创公司名单上，6 家中国公司上榜，分别为商汤、依图、第四范式、旷视、Momenta 和地平线。

▶ **小知识：CB Insights 发布中国领先人工智能公司介绍**

商汤科技于 2014 年在香港科学园创立。商汤建立并打造了全球领先、自主研发的深度学习平台和超算中心，研发了系列 AI 技术，包括人脸、图像、文本、医疗影像识别及视频分析、无人驾驶和遥感等，其市场占有率在多个垂直领域保持领先，涵盖智慧城市、汽车、金融、零售等多个行业，是国内知名 AI 算法提供商，曾表示在 2017 年已实现全面盈利。目前，已与国内外 700 多家世界知名的公司和机构建立合作，在香港、北京、深圳、上海、京都、东京和新加坡等成立分部。商汤尚未上市，当前市场估值为 45 亿美元。

上海依图网络科技有限公司致力于将 AI 技术与行业应用相结合，曾获得美国国家情报高级研究计划局主办的全球人脸识别挑战赛冠军等技术成绩，目前相关技术已经服务于安防、金融、交通、医疗等多个行业。其中，依图是率先将 AI 技术应用于医学影像的独角兽公司；研发的"蜻蜓眼"人像大平台已服务全国上百个地市公安系统，应用于全国 20 余省份的城市公共安全领域，也为海关总署及中国边检等提供人像比对系统。依图尚无具体上市时间表，目前市场估值为 23.65 亿美元。

第四范式于 2015 年 5 月创立。第四范式的主要业务是基于机器学习技术及其在不同领域的应用经验，研发惠及各行各业的人工智能产品，降低人工智能应用门槛；利用人工智能技术对大数据进行挖掘，定制出以业务目标为导向的解决方案，为企业找到下一个业绩增长点。由第四范式开创的"迁移学习"被业界认为是"下一代的人工智能技术"，在迁移学习领域保持着全球绝对领先的优势。目前团队在百度、今日头条、360、微博、链家网、招商银行等拥有超过 100 个成功服务案例。第四范式尚未上市，目前估值约 12 亿美元。

旷视科技于 2011 年 10 月创立。其研发的人脸及图像识别技术、智能视频云产品、智能传感器产品、智能机器人产品已经广泛应用于金融、手机、安防、物流、零售等领域，拥有包含阿里、富士康、联想、凯德、华润、中信银行等众多行业级头部企业等上千家核心客户。据香港《经济日报》引述消息人士称，旷视正考虑赴港上市，目前估值约 10 亿美元。

Momenta 是世界顶尖的自动驾驶公司，研发包含环境感知、高精地图、驾驶决策等关键环节在内的自动驾驶技术，致力于打造自动驾驶大脑，提供基于深度学习的环境感知、高精度地图、驾驶决策算法，使无人驾驶成为可能。Momenta 尚未上市，目前估值约 10 亿美元。

地平线的业务主要集中在无人驾驶和智能摄像头两个版块。基于创新的人工智能专用处理器架构 BPU，地平线自主研发的面向 AIOT 的地平线旭日系列处理器，于 2017 年 12 月正式对外发布，与地平线征程系列处理器一起成为中国最早实现流片量产的人工智能处理器，成为中国第一颗商业化落地的人工智能视觉处理器。地平线目前估值约 30 亿～40 亿美元。

来源：根据网络资料整理。

调查机构 Marketsand Markets 的报告显示，全球智慧农业市场在 2018 年达到 75.3 亿美元，到 2023 年达到 135 亿美元，预测年复合增长率为 12.39％。其中，2016 年人工智能技术在农业市场的价值为 4.322 亿美元，预计这一数值到 2025 年将变为 26.285 亿美元，预测复合年增长率为 22.5％。

人工智能在农业领域的运用，最重要的是农业机器人的出现。以人工智能技术驱动为核心，各类可以完成复杂多样任务的机器人开始崭露头角。以常见的植保无人机为例，一架载重 10 千克的植保无人机，每日作业面积大约为 200 亩，若是人工作业，最快速度每小时 1 亩，植保无人机每日工作量相当于十几个人。

由于农业机器人极大地提高了农业生产效率，而且使得农业生产加工过程更加环保。大量具有专业用途和适应复杂环境的农业机器人不断涌现。农业机器人成为未来几年农业机械领域竞争的蓝海。在国外，已经有很多先进的探索值得学习。比如，用以清除杂草的机器人、可以自动对草莓采摘包装的机器人、可以对农作物生长全流进行健康监测的机器人，我们以美国三家人工智能公司为例说明。

2017 年，全球最大的农业机械制造公司 John Deere 花巨资收购了一家美国农业机器人初创公司 Blue River Technology。这是一家在硅谷兴起，主要生产安装在拖拉机上喷药以及清除杂草机器人的公司，由于杂草一直是困扰农业产量的一个重要问题，美国杂草科学学会一项关于未控制杂草对于棉花及大豆产量影响的研究显示，预计杂草每年引起的损失可达到 430 亿美元。该公司生产的机器人通过视觉识别技术来识别发现需要

美国农业机器人公司 Blue River Technology 网站

清除的杂草，喷洒农药或除草剂等。据 Blue River Technology 网站介绍，公司掌握的精度技术可去除普通喷洒模式下农作物上 80% 残留化学物质，降低 90% 除草剂费用。

蔬菜、水果等采摘都是劳动密集型工作，是生产环节中耗时、费力、成本高的一个环节。目前，国内多数水果、蔬菜采用人工采摘的方式，采摘费用占到成本 50% 以上，智能化水果采摘依据不同水果生长高度、密度、采摘方式编程建模，极大地提高了劳动生产率，保证农产品适时采收，是农业机器人发展的重要方向。在国外一些地方，苹果采摘机器人、番茄采摘机器人、柑橘采摘机器人逐步成为农业采摘的主力军，推动智慧农业不断发展。Harvest CROO Robotics 是美国一款主要用于草莓采摘包装的机器人系统，由于草莓采摘工作环境是一种非结构性和不确定性的环境，机器人采摘系统都安装了不同种类的传感器，比如视觉传感器、位置传感器等来适应具体的采摘环境。单日收割面积达到 8 亩，可替代 30 名农业工人。

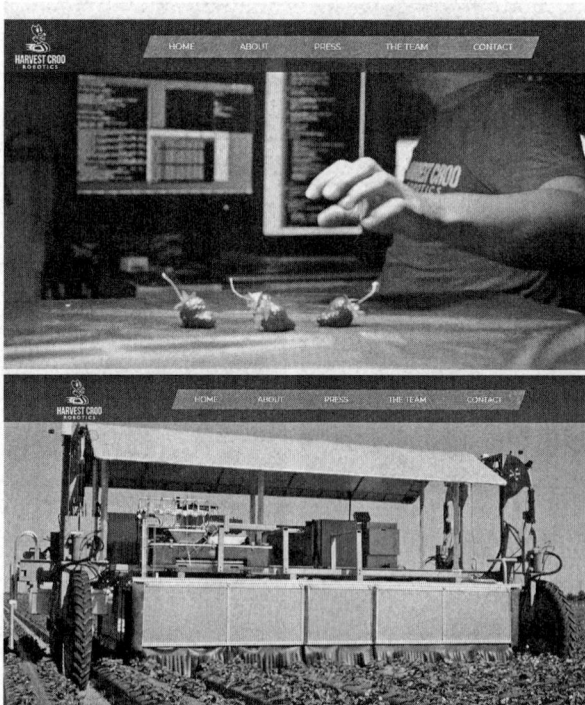

美国草莓采摘包装机器人 Harvest CROO Robotics 网站

近些年来，农作物病虫害对农业生产的困扰越来越多，如果不能够及时针对病虫害进行防治，会对农业生产造成巨大损失。位于美国北卡罗纳州的 FarmShots 是一家基于人工智能的农业数据分析公司，试图解决农业病虫害的防治以及土壤肥力的辨别。病虫害的识别源于海量的数据学习。基于不同来源的图像采集，机器人学会了看图识病，学习搜集的数据越多，识别度越高。此外，FarmShots 还可以对土壤的贫瘠程度进行模块化的分析，精确告诉农户哪里需要施肥，有效减少化肥使用。

美国农业人工智能公司 FarmShots 网站

农业与区块链

区块链，是一种不可篡改的分布式加密记录体系。这种借由密码学串接并保护内容的串联交易记录，又称区块，每个区块包含了前一个区块的加密散列、相应时间点以及交易数据，日裔美国人中本聪在 2008 年于《比特币白皮书》中首次提出"区块链"概念，并在 2009 年创立了比特币网络，开发出第一个区块，即"创世区块"。区块内容难以篡改的特性使得用区块链所串接的分布式账本能让两方有效纪录交易，且可永久查验。区块链被认为是一种革命性的技术发展，更有人认为它是互联网之后又一个将改变世界、推动世界发展的新生事物。

区块链的分布式账本可以将农作物从种植到收获、储存到出售的全部过程记录在内。这种技术不仅能保证作物的安全，同时可以确保农业数据不会丢失，而且可以随时查询。

2014 年，澳大利亚成立了农业供应链追踪企业 BlockGrain，主要是利用区块链技术来为农民提供实时交易支付的成本，同时还可以保证种植者获得回报的最大化。区块链的不追溯性，不只是局限于农作物的本身，农民也是可以根据这项技术进行跟踪农田的土壤质量、田间的应用以及天气、耕作的方法、种子的类型都是可以详细地记录在内的。

农作物的管理要比作物种植复杂得多，在整个作物的生长周期中，所有农作物生长的资源都是复杂的。越来越多的农民，也开始使用农场管理的软件来追踪所有资源的位置以及利用的情况。基于区块链技术的去中心化，各方所做的任何更新都将成为分布式账本的一部分，每个参与者都将会收到更新后的记录。即使中间出现断网的情况，只要将设备重新连接互联网，任何更新都将会同步到网络上。此外，区块链还可以跟踪机械维护的记录，或者现场的感应器以及设备的状态。农民可以为机器赋予区块链访问的权限，这样就可以保证每一台机器都有更新的状态。这将改变多个农场以及多个地点机器修复状态下的运营状况。

总部设于明尼苏达州明尼亚波里斯郊区的嘉吉公司是美国最大的私人跨国企业，主要从事食品加工，版图现已扩大至医药、金融、天然资源等。嘉吉公司作为美国农业的巨头，其始终走在农业发展的前沿。2017年 10 月，嘉吉公司开始测试一个区块链平台，确保产品从农场到餐桌的透明化。据悉，在感恩节庆祝活动开始前，嘉吉的 HoneysuckleWhite（火鸡）品牌将会利用这一技术。该公司还表示，被追踪来源的火鸡将主要在德克萨斯州出售。在火鸡养殖上，嘉吉内部的农场将使用一个基于区块链的系统，让消费者找到有关火鸡的信息，包括它们在哪里饲养的照片以及农民自己的评论。当顾客购买火鸡时，包装上的标签将印有一段代码，顾客可以在 HoneysuckleWhite 网站上输入这一代码，查验具体信息。

区块链技术潜力无限，并延伸到商业和贸易领域以简化业务。也正因为如此，2018 年嘉吉公司首先利用区块链技术完成了大豆运输。世界上最大的贸易金融机构汇丰银行完成了嘉吉公司的收入信用证，据路透社报道，该交易是使用 Easy Trading Connect（ETC）区块链平台进行数字化管理。ETC 还纳入了一些农产品国际贸易所需的合同和证书。从美国到中国的货运需要 Louis Dreyfus Co、Shandong Bohi Industry Co、ING、法国兴业银行和荷兰银行等五家公司参与。Louis Dreyfus 是一家跨国农业公司，因区块链技术能够提高工作的效率而在贸易中应用了该技术。该公司的贸易业务主管表示，使用区块链来处理合同和证书能够大大减少交易审批所需的时间。Shandong Bohi Industry Co 使用 ETC 平台从 Louis Dreyfus 手中购买了大豆，而不同的银行则提供了出售所需的信用证书。运输公司负责运输所需的必要文书工作，美国农业部也参与提供了卫生要求证书。

区块链技术主要是作为交易支柱，比如比特币和其他数字货币。但以太坊表示它可以以更专业的方式使用，如区块链自动执行的合同。最近的大豆交易用例可以证明，许多不同的参与方都能加入到复杂的商业交易中。通过使用区块链技术，该过程将变得越来越便宜，这对其他企业来说无疑是一种吸引。使用区块链平台还可让所有利益相关方都参与到整个流程当中。

沃尔玛、IBM 公司在我国启动了两个独立推进的区块链试点项目，提高供应链数据的准确性，保障食品安全。沃尔玛将区块链技术应用于全球供应链，成本将减少 1 万亿美元。不仅能够帮助中国更好地保障食品安全，更会为沃尔玛本身大幅度降低成本。IBM 全球供应链解决方案部门负责人表示，一旦试点项目投入运行，沃尔玛将从中国的猪肉市场获得更为丰厚的利润。该试点项目目前处于起步阶段，共安排了三个测试节点，负责人表示，等到后期测试节点达到 10 个时，整个行业成本将减少"数十亿美元"。项目开展后，沃尔玛超市的每一件商品，都在区块链系统上完成了认证，都有一份透明且安全的商品记录。在分布式账本中记录的信息也能更好地帮助零售商管理不同店铺商品的上架日期。

澳大利亚联邦银行正在试验区块链和物联网技术，以帮助企业客户购买和管理农业设备和其他类似资产。该银行解释说，这项测试名为 Smarts Assets（智能资产），它借助物联网，连接农用机械设备，是对农业设备资产管理和共享平台的概念验证。例如，澳大利亚的一位农场主想要购买一台收割农作物的拖拉机，但由于价格昂贵，所以他决定与两个邻近的农民共享拖拉机的所有权。这三位农民创建并组成了一个法律实体，他们都为新拖拉机提供资金并拥有拖拉机部分所有权。他们安装了传感器以跟踪拖拉机使用情况，继而更好地进行管理。不过，他们很难查看接收到的相关数据。这时，澳大利亚联邦银行的新系统便可派上用场。三位农民可以使用资产管理和共享平台，实时查看拖拉机的位置、使用情况和性能。而且，这个共享平台使用范围不仅仅局限于拖拉机，它能够跟踪、管理任何农作物喷雾器和机械。管理布特比牧场公司（Mt Boothby Pastoral Company）相关负责人表示，澳大利亚联邦银行找到了利用这些数据的方法，并提供了可读、可用的数据，还告诉这些数据所代表的含义。在数据信息的帮助下就能够决定接下来如何操作我们的机器。澳大利亚联邦银行开发了一种可显示农作物喷雾器性能的动态仪表板。利用区块链技术，仪表板允许共享管理。购买农业设备后，平台通过智能合约即可锁定或解锁该设备。目前，澳大利亚联邦银行正在与积极投身区块链领域的安永会计师事务所合作。澳大利亚联邦银行区域农业业务部相关负责人称，将区块链、智能合约和物联网应用到高价值资产上，是企业获取资产价值最大化的重要一步。澳大利亚联邦银行与世界银行合作，发行了首个区块链债券，共筹集了 1.1 亿澳元。

不可更改的产业链信息，大幅度提高了产业链各方的作假成本和违约成本。国内一些共享庄园社区用区块链降低信任成本，实现定制化消费。比如以一平方米土地为标准单位，为每个庄园建立土地身份证区块，由庄园方上传土地信息和生产信息，包括是否为有机土、虫害情况、农药使用量、历史产量、实时产量、自然灾害等，保证庄园信息的持续化披露。用户拥有密钥，过程中可以随时查看任一环节的信息。用户最少花 200 块钱，就能成为一个海外庄园的庄主。庄主只需要低于市场的价格，就能买到源头可追溯的健康食品，比如燕窝、人参、橄榄油、葡萄酒等；投资型用户也可以选择出售产品给其他用户。

总体来说，区块链技术就是将农业应用中的农业记录和质量控制方面尽可能的实现数字化和自动化。在某种意义上来讲，区块链技术不仅可以提供数字化、自动化和跟踪等技术的基础措施，而且还提高农民在现代农业行业的地位，同时加快农业的发展，使农业走向数字化、智能化。

第二章　互联网与现代乡村治理

随着互联网及其应用形态的不断发展，各类网站以及新媒体，已成为党员干部获取信息的主要渠道，成为把握社情民意、影响政府决策的重要舆论力量。近年来，党中央高度重视网络新媒体发展、管理及应用。党的十八届三中全会首次阐述了互联网问题，并就抓好新兴媒体管理作出重要部署，提出网上舆论如何引导、传统媒体与新媒体怎样融合、新媒介的运用和管理如何实现有序高效等有关我国互联网发展的若干问题。要求各级党员领导干部学会善用新媒体，提高执政能力和水平。

互联网打开组织振兴新途径

以移动互联网为代表的新媒介形态层出不穷，其在不断刷新社会认知和观念的同时，也开始改变人们的工作方式、行为习惯甚至价值取向。党员干部作为服务社会、推动改革、引领地方经济社会发展的先锋，有必要深入认识新媒体、了解新媒体、接纳新媒体。作为一名身处信息时代的党员干部，应该有意识、有能力对新媒体善加应用，做到能够在生活中议论新话题，能够通过看微信、刷微博体察舆情冷暖，也能够在网络、手机等现代传播媒介的强大影响力下敢于应对、把握变化。在网络新媒体时代，合理上网、懂得看网、规范用网，不仅是一种重要的工作方法和必备的基本素养，也是各级党员干部真正"从群众中来、到群众中去"的实践和要求。如何主动利用新媒体为民服务，考验着党员干部的忠诚、智慧与担当。

比如，大数据成为提升政府治理能力的新途径。大数据应用能够揭示传统技术方式难以展现的关联关系，推动政府数据开放共享，促进社会事业数据融合和资源整合，将极大提升政府整体数据分析能力，为有效处理复杂社会问题提供新的手段。《促进大数据发展行动纲要》指出，要大力推动政府信息系统和公共数据互联开放共享，加快政府信息平台整合，消除信息孤岛，推进数据资源向社会开放，增强政府公信力，引导社会发展，服务公众企业；以企业为主体，营造宽松公平环境，加大大数据关键技术研发、产业发展和人才培养力度，着力推进数据汇集和发掘，深化大数据在各行业创新应用，促进大数据产业健康发展；完善法规制度和标准体系，科学规范利用大数据，切实保障数据安全。通过促进大数据发展，加快建设数据强国，释放技术红利、制度红利和创新红利，提升政府治理能力，推动经济转型升级。要立足我国国情和现实需要，推动大数据发展和应用，在未来5～10年逐步实现以下目标：打造精准治理、多方协作的社会治理新模式；建立运行平稳、安全高效的经济运行新机制；构建以人为本、惠及全民的民生服务新体系；开启大众创业、万众创新的创新驱动新格局；培育高端智能、新兴繁荣的产业发展新生态。

▶ 小知识：习近平总书记谈领导干部学网、懂网、用网

2016年2月20日，习近平总书记主持召开党的新闻舆论工作座谈会并发表重要讲话，强调"领导干部要增强同媒体打交道的能力，善于运用媒体宣讲政策主张、了解社情民意、发现矛盾问题、引导社会情绪、动员人民群众、推动实际工作"。

2016年10月9日，习近平总书记在主持中央政治局第三十六次集体学习时强调，"各级领导干部特别是高级干部，如果不懂互联网、不善于运用互联网，就无法有效开展工作。各级领导干部要学网、懂网、用网，积极谋划、推动、引导互联网发展。要正确处理安全和发展、开放和自主、管理和服务的关系，不断提高对互联网规律的把握能力、对网络舆论的引导能力、对信息化发展的驾驭能力、对网络安全的保障能力，把网络强国建设不断推向前进。"

2017年10月18日，习近平总书记在中国共产党第十九次全国代表大会上的报告中明确提出，"坚持正确舆论导向，高度重视传播手段建设和创新，提高新闻舆论传播力、引导力、影响力、公信力。加强互联

网内容建设，建立网络综合治理体系，营造清朗的网络空间。落实意识形态工作责任制，加强阵地建设和管理，注意区分政治原则问题、思想认识问题、学术观点问题，旗帜鲜明反对和抵制各种错误观点。"

习近平总书记在十九大报告中指出，要加强互联网内容建设，建立网络综合治理体系，营造清朗的网络空间。当前，随着网络应用的快速发展，网络社会和现实社会已深度融合，对于党政领导干部来说，掌握并尊重互联网传播基本规律，树立"互联网思维"，适应分众化、差异化传播趋势，主动借助新媒体传播优势运用于工作实际尤为重要。只有很好的"懂网"，才能够在舆论工作中抓住时机、把握节奏、讲究策略，从时度效着力，体现时度效要求，增强舆论工作理念、内容、体裁、形式、方法、手段、业态、体制、机制等各方面创新，构建舆论引导新格局；才能够增强网络阵地建设意识，以习近平新时代中国特色社会主义思想为指导，加强互联网内容建设，推动互联网治理能力和治理体系现代化，才能够增强网络和信息安全意识，推动构建网络空间新秩序。

来源：根据媒体报道整理。

农村基层党组织建设的目标是要为乡村振兴提供政治和组织保障，农村成为现代化的稳定器。据中组部最新党内统计数据显示，截至 2017 年底，全国共有党员总数为 8 956.4 万名，党的基层组织 457.2 万个，党员结构不断优化，基层党组织带头人队伍素质进一步提升，54.4 万名村党组织书记中，大专及以上学历占 17.4%。其中，致富带头人占 46.1%，外出务工返乡人员占 6.8%，农村专业合作社负责人占 9.9%，大学生村官占 0.5%。党员干部"身上带手机、单位用电脑，随时随地上网"已是普遍现象。流动党员、"两新"组织党员等相对缺少教育机会的党员群体，也大多可借助网络接受教育。

有调查显示，党员渴望通过互联网参加党建活动，了解党建方面的情况。目前大部分领导干部的网络行为是比较积极的，主要是利用网络了解国家大政方针，了解社会热点和民情民意以及开阔视野等，这与习近平总书记要求领导干部上网了解民意的要求是一致的。此外，大多数基层党员领导干部意识到，在新媒体时代，要学会与媒体打交道，学会利用媒体提升自己，利用网络进行干群沟通。《人民论坛》杂志曾进行的一项关于

"官员网络恐惧症"调查显示，6 000 余名受调查者中，有 60％表示"担心工作疏漏等不良现象被曝光，影响前途"。这些调查结果既从侧面反映出加强舆论监督对于权力制约的作用，也反映出在一小部分领导干部当中，对于自身网络行为仍存在负面消极甚至恐惧躲避的心态，对于网络行为的认知仍然存在模糊和偏差。

就"网络行为"这一概念的基本涵义而言，一般有狭义和广义两种理解。从狭义的角度来看，网络行为专指人们在网络空间里展开的行为活动。这类网络行为，可以被称为"纯粹的网络行为"。人们在开展这类虚拟形态的行为活动时，采用的是操控电子指令，并借以接收或传输数字化电子信号的形式。对于这类网络行为的外在形态及直观表现，人们所能观察到的，无非是行为活动者本人在某个场所的终端前"上网"。除非是借助于一定的技术手段，否则其他人无法直接"观察"其行为活动的过程及内容。这种意义上的网络行为，具有形态上的虚拟性特点，无法像现实生活中人们的各种行为活动那样"真实可见"，但事实上，它们不仅在发生着，而且还可能会产生着相应的后果。

从广义的角度来看，网络行为不仅限于人们在网络空间里展开的虚拟形态的行为活动，同时也包括那些与网络密切相关，在很大程度上要借助和依赖于网络才能顺利展开的行为活动。整个行为活动过程，并非完全局限在虚拟的网络空间之内，而是要延伸到网络之外，可能要在网上和网下进行"转换"。只有把"网上"和"网下"这两部分的行为活动加在一起，才能够获知这类行为活动过程的全貌。由于"网上"和"网下"两部分行为活动之间，客观上存在密切关联关系，无法截然分开，因此这类"非纯粹的"网络行为，也可被称作是网络行为。事实上，人们实际展开的网络行为，除却少数"纯粹的网络行为"以外，大部分属于"非纯粹的网络行为"。毕竟，网络只是一个工具、一个平台、一个特殊的"场域"，人们无法只沉浸在虚拟网络世界中而完全与网下"绝缘"。

近年来，中国互联网越来越深地融入经济社会发展和人民生活，互联网越来越成为人们学习、工作、生活的新空间，成为获取公共服务的新平台。一方面，党员干部本身作为网民群体中的一部分，与普通网民一样，既享受网络带来的便捷，也面临网络带来的种种风险。普通网民所进行的绝大多数网络行为，党员干部都同样存在进行的可能，比如通过网络获取信息、商品，进行沟通交流，开展学习娱乐等。但另一方面，共产党是中国人民和中华民族的先锋队，党员干部无论在网络上还是现实中，其行为较普通网民的行为应更为合理，因此对党员干部网络行为的限制与规范，必须要高于对普通民众网络行为的要求。普通网民网络行为中存在的"擦边球""灰色地带"等情况，不应出现在党员干部的网络行为当中。

此外，网络空间不仅是人类生活的新疆域，也是治国理政的新范畴。党的十八大以来，党中央作出全面从严治党的重大战略部署，互联网媒介功能和社会动员能力的增强，让互联网成为社会治理的重要场域。网民的声音在某种意义上代表了一部分民众的呼声，因此网络也成了党员干部密切联系群众、走群众路线的平台之一。网络传播具有圈层化、社群化和个性化等特征，人与社群对网络生态的影响也进一步凸显出党员干部网络行为的重要性。

在城市化进程中，我国乡村的社会结构发生了重要的变化，大量乡村青壮年外出务工，"农民不在村里在群里"成了基层治理新问题。传统的管理方式难以有效应对。互联网的快速发展有效解决了地域隔阂、人员分散带来的管理难题。也首先为党务村务公开、加强基层党组织建设提供了一种新方式。

党务公开是时代的进步。党的历史实践经历了两大转变，即从一个领导人民夺取政权的党转变成为掌握全国政权并长期执政的党，从一个在封闭条件下领导国家建设的党转变成为在改革开放条件下领导国家建设的党。从这两大转变来认识党务公开的提出与深化，显示了时代进步的历史足迹。

▶ 小知识：党务公开小历史

在战争年代，领导民主革命斗争的中国共产党代表着光明，但在帝国主义、封建主义统治下，长时期无法公开地开展活动，党内事务更是必须坚持严格的秘密原则。民主革命时期，党的建设中曾提出过面向群众的观点。如党的二大提出，"到群众中去组成一个大的'群众党'"，"党的一切运动都必须深入到广大的群众里面去"。1927 年 11 月，党在一份决议中指出："秘密时期固然不能实现完完全全的党内民主主义，但就是在这种严重条件之下，引进党的下层群众，使他们参加党的一切工作与政策的决定，仍旧是非常重要的。"这个观点强调了党加强与群众联系的必要性，也指出了"秘密时期"的限制性。

中国共产党掌握全国政权后，组织公开成为必然。1950 年，中共中央发出《关于发展和巩固党的组织的指示》，指出"所谓公开建党，是指党在劳动人民中间应公开地进行关于党纲和党章的宣传教育，普遍提高他们的觉悟；在考察一切要求入党的人时，不仅听取介绍人的报告、本人的意见及党的反映，还要采取各种方式征求群众的意见，使党的领导与群众的意见相结合，才能对被考察者有较全面的认识。因此，公开建党就必须防止不重视群众意见（或形式化地征求群众意见）和放弃党的领导这两种偏向的发生。公开建党的目的，是为了更密切党与群众的联系，把党放在群众的切实帮助与监督之下，建设一个有战斗力的纯洁的布尔什维克式的党。"

改革开放后，社会发展实践与时代变化相对接，不仅给社会主义中国提出了挑战性的难题，也使马克思主义政党面临着风险性的执政考验。中国共产党既要适应国内社会的深刻变革，又要顺应历史大势和世界潮流，在领导方式和执政方式上实现创新式转变。"党务公开"就是在这样的背景下被提出来的。从"公开建党"到"党务公开"，党的建设迈出了时代的步伐。

2004 年 9 月，十六届四中全会第一次提出"党务公开"。全会通过的决议中提出："建立和完善党内情况通报制度、情况反映制度、重大决策征求意见制度，逐步推进党务公开，增强党组织工作的透明度，使党员更好地了解和参与党内事务。" 2007 年 9 月，党的十七大报告提出："尊重党员主体地位，保障党员民主权利，推进党务公开。" 2009 年 7 月，中央党务公开工作领导小组成立，加强对党务公开工作的组织领导和工作指导。两个月后，中共十七届四中全会通过了《关于加强和改进新形势下党的建设若干重大问题的决定》，强调要"推进党务公开，健全党内情况通报制度，及时公布党内信息，畅通党内信息上下互通渠道"。2010 年 10 月，中央发出《关于党的基层组织实行党务公开的意见》，阐述了党的基层组织实行党务公开的重要意义，实行党务公开的指导思想和基本原则，实行党务公开的内容、程序和方式，建立健全党的基层组织党务公开工作保障制度和加强对党的基层组织党务公开工作的组织领导。党中央如此紧锣密鼓地推进党务公开，表明党务公开已经不是思想酝酿的问题，而进入到全国基层党组织全面推开的实践阶段。

来源：根据相关资料整理。

十九大上，习近平总书记在报告中指出，"扩大党内基层民主，推进党务公开，畅通党员参与党内事务、监督党的组织和干部、向上级党组织提出意见和建议的渠道"。党务公开概念已经高度成熟，到了应该全方位制度化的时候。2017 年 11 月 30 日，中共中央政治局会议审议通过《中国共产党党务公开条例（试行）》，意味着党务公开终于以全党正式制度的形态得到了最有力的落实。《中国共产党党务公开条例（试行）》为做好党务公开工作提供了基本遵循，有利于推进党务公开工作制度化、规范化、程序化。

互联网平台的建设使得党务公开有了新平台、新模式。2017 年 3 月 5 日，人们生活中常见的二维码首次出现在纸质版政府工作报告首页的右上角。扫描二维码后可进入微信 H5 页面，看到视频、数据图表等多种形态的呈现，政府工作报告内容得以更加直观地展现在人们面前。网络直播等形式也被用在政务公开中。2016 年以来的两会期间，各级政府微博和央视、人民日报等中央媒体，均积极进行视频直播。网络直播作为一种新的政务公开方式，带来实时可参与的公开窗口，已逐渐成为调动群众参与公开事务的重要形式。

推动乡村组织振兴，打造充满活力、和谐有序的善治乡村，首先要加强农村基层党组织建设。提升基层党组织组织能力，把基层党组织建成宣传党的主张、贯彻党的决定、领导基层治理、团结动员群众、推动改革发展的战斗堡垒。一方面要完善基层党组织治理模式，一方面要不断提高基层党员干部懂网用网水平。

基层党员干部应了解的互联网新应用

人类进入信息时代以来，报纸、广播、报纸等传统媒体的主流地位，逐渐被网站、微博、微信等新媒体打破。而随着知识分享平台、网络直播、移动类社交应用等媒介形式的兴起，曾经"两微一端"主导的新媒体格局再次被改写。人们所说的"上网"，不再只是浏览各类网站，更包括使用各种网络应用获取、发布、传递信息。当社会信息进入 24 小时的全天候传播模式，凌晨、深夜、节假日，任何一个时段都具备了出现舆情高峰的可能。快速变换、不断演化的形势，要求党员干部要有更强的适应性，持续更新观念，紧跟时代变化。

论坛社区、博客、微博作为曾经最流行的新媒体，在智能手机、平板电脑等移动设备的冲击下，其地位也逐渐发生变化。但正如纸媒依旧存在于人们的生活，认识论坛社区、博客、微博三种新媒体功能和作用，仍具有现实意义。

论坛，一般指供公开讨论的公共集会场所，现在多指网民专门进行发帖讨论的网站。从形式上看，可以简单理解为"发帖—回帖—讨论"的平台，具有交互性强、内容丰富、发布及时的特点，也是网上聊天最早的由来。1978 年 2 月 16 日，在美国芝加哥诞生了人类历史上第一个 BBS 系统（Computerized Bulletin Board System/Chicago，即电子公告栏）。1994 年，国家智能计算机中心在中科院网络上建立"曙光站"，是中国大陆第一个真正意义上的互联网论坛。1995 年 8 月，"水木清华 BBS"成立，成为中国大陆第一个同时在线超过 100 人的"大型"网站。随后，论坛社区逐渐发展为综合类论坛、专题类论坛、专业类论坛、地方性论坛等。在此后兴起的博客、微博的冲击下，论坛虽然出现关注度衰落、用户减少的趋势，仍因其方便发布长篇幅信息、容易引发话题讨论等特点，在网络新媒体中仍占据一席之地。如今，知乎、豆瓣等知识分享社区，已成为论坛发展的最新形态。

▶ **小知识：从论坛到知识分享社区**

天涯社区：创办于 1999 年 3 月 1 日，以"开放、包容、充满人文关怀"受到网民推崇，是目前最知名的综合性网络社区之一。1999 年 5 月 9 日，中国驻前南斯拉夫大使馆被炸，天涯网民反应激烈，引发社会关注。目前，天涯社区注册用户超 1.2 亿，月覆盖用户超 2.5 亿。

百度贴吧：2003 年 12 月 3 日正式上线，百度旗下品牌，目前注册用户超 15 亿，贴吧总数 820 万，是全球最大中文社区。曾带动了"喜大普奔""土豪""不明觉厉"等网络文化及流行语的诞生，也出现"帝吧出征反对台独""借血友病吧牟利"等热点，体现出网络舆论的多面性。

知乎：于 2010 年 12 月开放，用户包括大量行业精英、高知人群，通过问答分享专业知识、经验和见解。以知乎、豆瓣等为代表的知识分享平台，问世以来受到网民欢迎，在网上甚至出现"知乎已成为搜索入口""知乎股票日经板块可反向操纵股市"等说法，从侧面反映出其影响力。

来源：根据网络资料整理。

目前，百度贴吧、知乎、豆瓣等用户仍然活跃的论坛社区形态，已将内容迁移至移动应用，方便用户随时登录使用。虽然其社交功能相对弱化，但议论性、互动性强，"上论坛"仍是了解网民热门话题、把握网络文化脉络的重要窗口。

博客，英文音译为 Blogger，为 Web Log 的混成词。也被称作网络日记、部落格、部落阁等，是使用特定软件，在网络上出版、发布个人文章的人，包括转载、评论、图文结合的材料整理等多种形式。1996 年，美国科幻作家威廉·吉布森预言，"用不了多久就会有人为浏览网络精选内容，并以此为生，的确存在着这样的需求"，被认为是博客概念最早提出者之一。1999 年，缩略词"blog"出现并沿用至今。2002 年 8 月 19 日，"博客中国"开通，"blog"首次在中国被翻译为"博客"。

由于互联网的自由与开放，博客文章的内容与主题更接近人们的日常生活和观念认知，加上网民可以在博客进行留言互动、相互转发，形成一定舆论效应，是网络自媒体时代的发端。2003 年 7 月，美国新闻学会媒体中心发布自媒体研究报告，提出自媒体"是普通大众经由数字科技强化、与全球知识体系相连之后，一种开始理解普通大众如何提供与分享他们自身的事实、新闻的途径"。即公民发布亲眼所见、亲耳所闻事件的载体。

2006 年底，美国《时代》周刊年度人物评选封面没有选择名人照片，

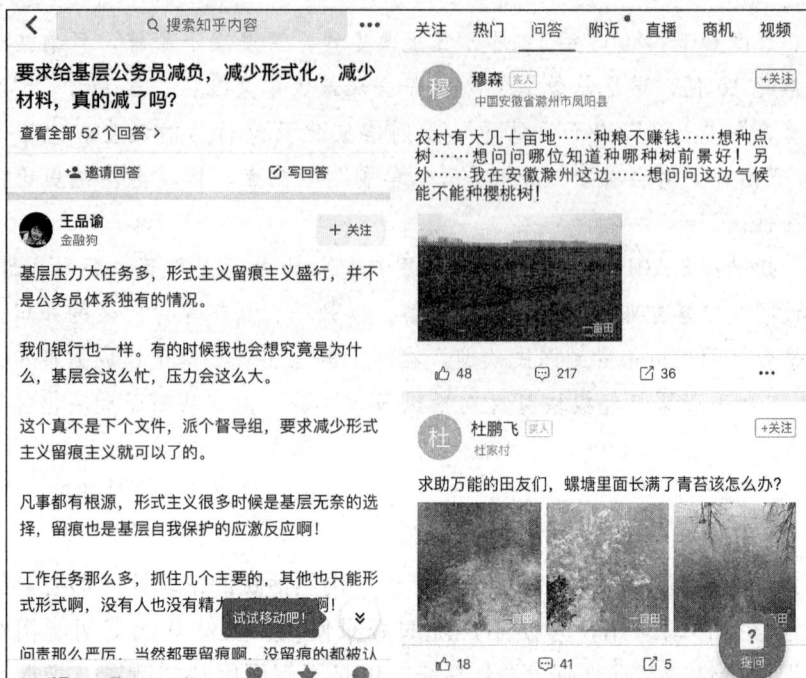

问答式的知识分享社区是如今论坛发展的最新形式和流行方式，
图为移动客户端的"知乎"社区和农业电商"一亩田"的问答频道

而是一个大大的"You"和一台电脑。《时代》周刊评语：社会正从机构向个人过渡，个人正在成为"新数字时代民主社会"的公民。2006年年度人物就是"你"，互联网上内容的所有使用者和创造者。

如今，网上主要的舆论场和发声窗口，已搬移至微博、微信公众号等新平台。但博客带来的网络自媒体影响力的扩散以及对网上公民意识觉醒的推动，均延续至整个网络舆论生态中，成为不容忽视的重要因素。博客与门户网站的融合发展，成为推动自媒体迅速发展并不断革新的重要因素。

微博，即微型博客（MicroBlog）的简称，一种通过用户关系分享简短、实时信息的广播式社交网络平台。为满足人们更及时、快速发布信息的需求应运而生，带来了自媒体的真正勃兴，也是引领社交媒体进入人们生活的集大成者。2006年，美国博客技术先驱创始人埃文·威廉姆斯创建的Obvious公司推出Twitter（推特）服务，成为微博的最早和典型应用，并确立了"单条微博不超过 140 个字符"等基本原则，如今仍是全球互联网上访问量最大的十个网站之一。作为一种分享交流平台，微博时效性、随意性突出，能表达出个人每时每刻的思想和动态，也一度催生出微小说、微杂志等新事物。

2010 年，新浪微博正式上线运营，一度成为中国最大社交媒体。截至 2017 年 6 月，微博月活跃用户 3.61 亿，日活跃用户 1.59 亿，其中包括大量政府机构、官员、企业、个人认证账号，发挥着重要的"网络议事厅"作用。直至 2013 年，腾讯微信的出现对其形成挑战，中国微博用户的整体增长速度才开始趋于平缓。目前，国内曾开设微博的几大门户网站中，仅新浪和腾讯的微博服务仍维持运营。但与其他网络平台相比，微博的第一时间发布和开放式传播能力以及对新闻热点事件的迅速形成与扩散，仍具有不可替代的意义。

通过 2011 年与 2018 年微博十大热点事件对比，可以发现微博舆论话题倾向与价值观念的转变。2011 年，作为微博最为兴盛的年份，十大话题全部建立在网络民意热潮之上；而到了 2018 年，娱乐、体育话题占据九席，且网民自发推动形成的热点难见踪影，显示出微博在网络舆论生态中的大众化倾向日益凸显。

微信朋友圈。2011 年，微信的出现以至兴起，不仅改变了人们的通讯和交流方式，催生出"发个语音""朋友圈点赞""抢红包"等日常行为；其朋友圈和公众号带来的新型舆论场，也改写了人们获取新闻和社会交往的主渠道，并成为连接社会多个场景的集合平台。作为微信于 2012 年 4 月推出的一个社交功能，用户在日常通信之余，可以通过朋友圈发布文字和图片，也可通过其他网站或应用，将文章、音乐、视频等内容分享到朋友圈。由此，微信实现了通讯工具与社交平台功能的结合，进一步提高了人们使用的频率以及其信息传播的丰富程度。与微博相比，微信朋友圈同样可以对好友发布信息进行"评论"或"点赞"，但不同的是，其他用户只能看到同为自己好友用户的评论或点赞，隐私性高于开放式的微博平台。基于此，微信朋友圈本身不易形成高影响力的舆论话题，仅以熟人圈子式的信息共享为主。直至微信公众号的出现，将传统媒体的舆论场带至微信，才提升了微信在网络话题传播中的影响力。朋友圈功能诞生后不久，微信又在 2012 年 8 月 18 日开通公众平台。根据腾讯企鹅智库近三年来的调研数据，除新闻客户端外，微博、微信等社交平台已成为网民获取新闻的第二大渠道。在传播方式上来看，微博呈现出一种"涟漪式"传播，可以实现迅速传播可扩散，效率更高；而微信则呈现出"直线式"传播，用户只针对自己圈子中的好友进行分享和推荐，形式更加柔和，在传播上更具有亲和力，容易被人接受和信任。同时，中央媒体及政务机构加速进入微信公众号平台，抢占新媒体高地。越来越多的媒体、政府部门利用政务微信平台，进行信息发布、便民咨询、政策评估、民意反馈的综合平台，在促进政府决策科学化，把握舆情走势，发挥政府服务效能方面发挥了重要价值。在艾媒咨询发布的中国微信公众号影响力排行榜中，人民日报、央视新闻等传统媒体转型类公众号，长期占据排行榜前五位。清博指数微信榜单显示，截至 2017 年 12 月 15 日，综合排名前十位的公众号中，有 5 家为中央媒体旗下公众号，并占据榜单前三名。而排名前十的政务类公众号，日阅读总量均超过 10 万，显示出微信政务平台的广泛传播力。

微信公众号成为最主流的信息获取渠道之一，具有广泛的话题传播和舆情影响力，图为两个农业农村行业的微信公众号

微信公众号带来的新问题与新挑战主要由以下一些方面：

"圈子话题"挑战监管：微信作为一种综合移动社交媒体平台，不同于传统媒体的传播方式，具有便捷实用、覆盖面广、关系性强等属性。随着微信用户数量的攀升和传播影响力的增大，网络舆论场逐渐下沉到更加私密的微信舆论场，成为舆情变化发酵的重要平台。对于突发的重大事件、敏感事件等公共议题，用户短时间内接触到大量公众号推送和朋友圈分享，容易形成对事件的情绪性认知，甚至影响并推动舆情走势，生成引爆性话题。

"隐私共享"风险增加：2014年2月26日，互联网漏洞报告平台乌云曾经披露一个疑似腾讯微信漏洞，被认为可能造成微信用户的隐私视频外泄。对此，虽然腾讯官方随后发表声明，称产生这一问题的并非微信漏洞，并提醒用户注意个人信息安全。但根据披露信息，以某种方式在搜索引擎中进行搜索，就能找到一系列存在于域名下的视频文件，而且可直接点击播放。相关话题持续引发外界关注，个人隐私以及开放社交平台的矛盾带来担忧。

"忽悠传播"屡禁不止：2016年，曾有一条名为"2016年有多少人拉黑你，快去试试看"的微信文章在朋友圈疯传，扫描其二维码后可看到有多少好友拉黑、删除、屏蔽自己。但事实上，该类数据测试只是利用用户的好奇心理，吸引其点击网页增加流量，使用的均为随机假数据。2017年，一个测试左右脑年龄的微信小游戏在朋友圈刷屏，结果同样被揭露为随机数据生成，不具有科学性。类似刻意吸引用户的小程序或文章，真假难辨，已成为微信平台的常见问题。

"公号刷量"愈发普遍：艾媒咨询2017年一项调查显示，86.2%的微信公众号运营者曾有过刷量行为（即制造虚假阅读数、点赞数等流量数据），与2016年相比上升5.6%。同时，超五成微信公众号读者处于刷量认知盲区，了解微信刷量行业内幕的读者占比不足两成。目前，微信公众号刷量现象日益猖獗，许多微信公众号利用刷量欺瞒读者和广告商，动辄阅读量过10万的刷量数据，不仅让读者难辨真假，也让运营者迷失在虚假繁荣中。随着越来越多的"人造热文"迅速传播，微信公众号平台舆论生态面临考验。

互联网及其技术日新月异，当以微信为代表的移动网络应用得到广泛应用，适应于全人群、全天候的移动新媒体形式也相继问世。

"两微一端"格局深入融合发展。自2014年8月中央全面深化改革领导小组会议审议通过《关于推动传统媒体和新兴媒体融合发展的指导意见》以来，中央、地方媒体共同发力，推动"微博、微信、移动客户端"不断相加，在内容、渠道、平台、经营、管理等方面加快推进深度融合，一批形态多样、手段先进、具有竞争力的新型主流媒体先后涌现，带来强大的传播力、公信力、影响力，"深入转型、深度融合、深层变革"成为共识。在新技术快速发展和传统媒体经营下滑的双重压力之下，传统媒体与新媒体融合发展的方向与趋势已经形成，且不可逆转。传统媒体在拓展如"中央厨房""两微一端""云传播"等渠道、平台方面进展显著，县级融媒体中心建设加快推进，媒体融合发展格局已经形成。

从直播网站到视频社交快速延展。随着互联网基础设施的完善，近年来网络直播迅速普及，成为互联网行业的热门风口之一。一大批游戏、视频主播成为"网络红人"，在大规模吸引用户流量的同时，也因为实时交互带来监管盲区，成为如今互联网内容治理的新课题。2014年，国内短视频"扎堆"出现，新浪秒拍、腾讯微视、美图美拍等短期内积累巨量用户关注使用。2016年，网络直播呈现爆发式发展，新一批移动直播应用兴起，近千款APP产品瞄准移动视频社交平台。

智能化驱动创新。人工智能是新一代信息技术发展的重要方向，2017年，随着大量资本的涌入，人工智能发展迅猛，智能技术与传媒产业的融合已开始对内容生产、传播的各个环节产生影响。聚合类新闻客户端形成一股巨大的新生力量。凤凰、腾讯等大的互联网企业在自身新闻客户端之外，分别推出聚合类新闻应用"一点资讯""天天快报"，可以看做是在新兴潮流面前，求新求变的探索。在大数据的冲击下，移动新闻客户端的发展也经历了网易、腾讯等老牌互联网公司办客户端、传统媒体办客户端的时期，进入聚合类新闻客户端的时代。虽然传统互联网企业移动新闻客户端在用户黏性、阅读量仍然占据主导地位。但聚合类新闻客户端趋势的形成，是否预示着我们获取资讯的"打开方式"发生了改变，更深层次上，意味着我们对新闻的理解会发生更多的改变。不少媒体拥有了丰富的智能工具，如机器人写作系统已在财经、体育类等对数据分析要求较高、内容格式模块化明显的新闻类别中扮演重要角色，并在新闻图像识别、视频处理、跨文本翻译等方面发挥作用。同样，新闻事实核查作为嵌入智能化传媒生态的重要一环，智能核查、智能纠错应该成为行业发展的重要方向。如果对于新闻写作来说，机器人在如何能让表达更具人情味，风格更加个性化方面尚有很多难度，那么对于新闻事实的核查来讲，通过计算机算法的分析与匹配来确定新闻的真实性，是最具客观视角的真实。人工智能运用于新闻事实核查行业具有天然优势，深度契合了行业发展的需求，摆脱了新闻"立场真实""导向真实""观点真实"的主观意志，成为"事实真实"的有效衡量标准。如，有的平台推出的"一致性测量仪"，就是大数据创新驱动的产物，通过长期跟踪某一政要、名人的言论，利用大数据对其言论前后一致性和变化幅度作出分析，从而帮助公众判断该人物的公信力和可靠性。

各种新媒体形态的不断涌现，给广大党员干部提出了新要求：既要真抓实干，也要能说会道。即能够在实际工作中做出政绩，还要善于通过网络进行沟通。当前，依托于网络技术的不断创新，各类应用快速发展。面对微博、微信、移动客户端、直播平台、笔记类分享等新事物的交叠更替，党员干部有必要在强化自身业务能力的同时，深入了解网络规则，学会网络用语，掌握网络舆论规律，力争在平时通过网络知晓民之所想，也在网上突发事件来临时，做到有所准备、合理应对、积极发声，努力构建良性沟通，掌握住网上话语权和主动权，让网络成为干事创业的有效途径。

基层党员干部用网新要求

党员干部作为网络的使用者，必须遵守国家现行法律、法规和党的各项方针政策。这本来是一个基本的政治常识。然而，一些党员干部把网络错误地理解为虚拟空间，在网络中采取发言等行动时，忘记了自己的党员干部身份，严重地损害了执政党的形象。比如有的机关干部公开对网民发布的照片进行不当评论，受到撤职处理；有的在社交媒体平台公然"打情骂俏"遭到网民围观；还有的党员干部把网络当作自己的记事本，将日常工作和生活起居事无巨细地发在网上，导致国家秘密遭遇泄露风险；还有的党员特别是有众多粉丝的网络大V，在网上发表妄议国家大政方针等与党员身份不符的言论。当前党员干部已成为我国最大的网络使用群体之一，如果不加强对党员干部网络行为的管理，不仅会严重影响执政效率，更会疏远党员干部与群众之间的关系。

事实上，规范党员干部网络行为，也是贯彻落实网络意识形态工作责任制的具体措施之一。营造良好的网络环境，离不开党员干部的引导，如果党员干部自身都不能遵守相关规定，不能严格要求自我，甚至在网络上做出不符合党员身份的事，就更无法引导广大网民。正是在这样的背景下，才有了近年来围绕党员干部网络行为规范的种种尝试。

2017 年 8 月，中共中央宣传部、中共中央组织部、中央网信办联合下发《关于规范党员干部网络行为的意见》。《意见》指出，党员干部在网络上要严守政治纪律和政治规矩。必须牢固树立政治意识、大局意识、核心意识、看齐意识，坚决维护党中央权威，在思想上、政治上、行动上始终同以习近平同志为核心的党中央保持高度一致。严格遵守党规党纪，模范遵守国家法律法规。《意见》规定了党员干部不准参加的网络传播行为，如妄议中央大政方针，破坏党的集中统一；丑化党和国家形象，诋毁、污蔑党和国家领导人；制造、传播各类谣言。同时，也规定了党员干部不得参加的网络活动，如网上宗教、邪教活动，民族分裂活动，恐怖势力活动，泄露国家秘密，浏览、访问非法和反动网站等。《意见》要求党员干部以职务身份在微博、微信、网络直播、论坛社区等境内外网络平台上注册账号、建立群组的，应当向所在党组织报告。同时要求党员干部履行举报监督的义务，发现网上违法违规违纪信息、活动的，及时主动向有关部门、网络平台等举报。《意见》要求，切实加强对党员干部网络行为的教育、引导和管理。对在网络活动中以身作则、表现突出的党员干部，要充分肯定、热情鼓励；对坚持正确立场、传播正能量而遭到围攻的党员干部，要旗帜鲜明地给予保护和支持；对党员干部违反本意见规定的，要依据党纪和国家法规进行严肃查处。《意见》涵盖的内容很广，从严守网上政治纪律和政治规矩，到严禁参与的网络传播行为和网络活动，再从党员干部注册账号规范，到切实履行监督义务和党委（党组）主体责任的落实。可以说是截至目前对党员干部网络行为最全面的规范性指定文件，彰显了党要管党、从严治党的坚强决心。《意见》的出台，不仅划出党员干部的网络行为的底线，也为各级党组织和政府处理党员干部不当网络行为提供了依据，对指导党员干部的网络行为，带头走好网上群众路线，形成健康向上、风清气正的网络环境具有重大意义。

随着中央逐渐扎紧制度笼子，党员干部要遵守的规矩越来越严格、越来越细致。"党员干部能否开淘宝店"的讨论在网上引起热烈关注。对此，《中国纪检监察报》曾专门刊文回应相关话题，明确党政机关干部、公务员不可以通过开淘宝店、微店等从事营利性活动。同时，针对网上"村支书开网店带村民卖特产致富，也算违纪吗"的疑问，明确提出：党政机关干部、公务员以外的党员，可以开淘宝店、微店等营利，但前提是不能利用职权或者职务影响力为自己、亲属及利益相关人谋利。如村支书完全可以开网店帮助村民推销土特产、合理获取应该属于自己的报酬；但如果开网店的钱是集体资产，获利后私吞就属于违纪。而作为党政机关干部、公务员，即便是用自己的资金作为本钱，在互联网上开网店从事营利性活动，也同样是违反《党纪处分条例》，应主动避免从事相关活动。

由于微信等新媒体除了传递信息功能外，还使移动终端成为新的社交节点，承担起越来越重要的社会和经济功能。因此，一系列网络行为规范的出台，并非是对党员干部的简单束缚，而是引导对网络新媒体的经济和社会功能进行妥善、恰当使用，使之成为党员干部推进实际工作的有力帮手。

从中央和多个地方政府出台的相关规定来看，党员干部网络行为应遵循的基本原则主要可以归为以下几个方面：

首先，党员干部与普通公民一样，应遵守《中华人民共和国宪法》和相关法律中有关公民网络行为的相关规定，不得利用互联网组织、煽动抗拒、破坏宪法和法律、法规实施；捏造或者歪曲事实，散布谣言，妨害社会管理秩序；组织、煽动非法集会、游行、示威、扰乱公共场所秩序；从事其他侵犯国家、社会、集体利益和公民合法权益的活动。同时，党员干部应当履行举报监督的义务。发现网上违法违规违纪信息、活动，及时主动向有关部门、网络平台等举报，积极提供线索，协助有关方面处置。

其次，党员干部在网络上应严守政治纪律和政治规矩。坚决维护党中央权威，在思想上、政治上、行动上始终同党中央保持高度一致。严格遵守党规党纪，模范遵守国家法律法规，在网络行为中坚持正确的政治方向，自觉宣传党的理论和路线方针政策，积极践行社会主义核心价值观，传播正能量、弘扬主旋律。

　　最后，党员干部作为公职人员，应遵守公职人员相关管理规定。一是廉洁自律，不得利用职务便利，索取或非法收受他人虚拟财务；不得违反有关规定从事营利活动；不进行拉票贿选；不得利用职权或非法手段，侵犯他人合法通信自由和安全。二是遵守保密法规，在网络上不得泄露国家秘密、工作秘密和内部工作资料信息。党员干部以职务身份在境内外网络平台上注册账号、建立群组，应当向所在党组织报告等。

第三章 互联网与创新农村产业

乡村振兴关键是要产业振兴。产业振兴的基础首先要形成适合我国国情的土地流转制度和生产经营方式。在规模化经营的基础上,互利网进一步成为农业产业发展的强大助推器,各国都形成了互联网农业产业创新的模式和理念,而我国在互联网与农村产业结合发展中,也形成了可圈可点的创新方式。

农业产业化经营是重要基础

在我国,家庭农场的概念在 2013 年中央 1 号文件里被正式提出,释放出我国在农户家庭经营基础上发展家庭农场的政策信号。然而,"家庭农场"是个起源于欧美的舶来品,早已成为国外流行的农业生产经营模式。国外的家庭农场因拥有相对集中广阔的土地、先进的设备、成熟的经营管理,而呈现出高度的规模化、专业化和现代化水平,尽管中外在土地政策、户籍管理等方面存在较大差异,但国外家庭农场的生产经营特征和发展经验还是值得我们学习和借鉴的。

我们首先来看一下国外家庭农场生产经营的几个特征。

家庭式管理。农场的生产劳动和经营管理以家庭为依托,主要依靠农场主、家庭成员及雇员从事农业生产经营活动,不再将所经营的土地转包、转租给第三方管理。这是家庭农场区别于其他形式农场的主要特征。美国农场主要有三种形式,即家庭农场、公司农场、合作农场。20 世纪末,美国家庭农场的数量上升至 89%,且拥有 81% 的耕地面积,83% 的谷物收获量,77% 的农场销售额。在 2010 年全美收入超过 100 万美元的农场中，88％是家庭农场，达到全美总产值的 79％。家庭农场早已成为美国农业经济的主体和基本支撑力量，推动者美国农业经济不断向更高层次发展。

农场规模因地制宜。国外家庭农场规模因地制宜，大小不一。在美国，家庭农场有大中小规模的划分，自然地理环境及经营内容是决定农场规模大小的关键因素。例如，肉用牛的生产通常以小型农场的形式出现，像经济作物、家禽、猪等的生产则由大、中型家庭农场完成，而在加利福尼亚这样地域广袤的地区，最常见的便是种植各种水果、蔬菜的超大型家庭农场。在加拿大，种植业家庭农场土地面积平均达到 300 公顷左右，其中 100 公顷以下的小农场占农场总数的 45％，500 公顷以上的大型农场占农场总数的 10％。在日本，据 2012 年统计，耕地面积为 453 万公顷，农业人口为 260 万，平均每一农户的耕地面积约为 1.7 公顷，像日本这种相对来说人多地少的国家，家庭农场模式则是以小型家庭农场为主。

专业化、现代化生产。家庭农场将土地、劳动力、农机等生产要素适度集中，采用专业化、现代化生产方式，有效提高劳动生产率、土地产出率和经济效益。在德国，一家现代化农场里 4 名员工通过自动转盘式挤奶器可同时给 60 头牛挤奶；在牛舍中，牛可以自由走动、休息、进食甚至享受按摩；不到 50 人负责 3 000 多公顷的土地种植和经营，牛粪和谷物直接用于发电并卖给国家电网。在法国，按照经营内容家庭农场大体可分为畜牧农场、谷物农场、葡萄农场、水果农场、蔬菜农场等，专业化农场大部分只经营一种产品，突出各自产品的特点。在荷兰，由于土地资源十分稀少，无论是种植业还是畜牧业农场，要扩大生产规模有很大的困难，必须寻找新的途径来提高生产率，因此荷兰农民很早就有一种信念"专业化可以提高效率"，以此获取更大的发展空间。这也是荷兰农业劳动生产率不断提高、国际竞争力不断增强的重要因素。

商品化、品牌化经营。家庭农场生产的产品主要不是自给自足，而是作为一种商品通过一定销售形式和流转环节从生产领域转移到消费领域。在日本，家庭农场主非常注重经营品牌和产品的深加工，如种植金芝麻的农场，除了种植，农场主还会将自产的金芝麻深加工成保健饮料、金芝麻盐、金芝麻酱、金芝麻油、金芝麻豆腐等多种商品进行销售，同时，农场主还从事"教育农场"的农业观光活动，让幼儿园和小学的孩子体验金芝麻栽培，培养孩子们对农业的兴趣，这种活动会得到当地政府和电视台的大力支持和宣传，从而对金芝麻的品牌起到了有效的推广作用。

农业服务体系对家庭农场的支持。家庭农场的发展不是孤立的，国外的农业服务体系对家庭农场的发展起到无可替代的作用。在日本，通过发展协作组织，实行经营委托和作业委托解决农场的规模经营问题，取得显著效果。在美国，农业部推广局和农场主家计管理局分别为美国政府提供向农场主提供技术帮助和金融信贷支持。例如各州立大学均有三项附加任务，即农业科研、技术推广和乡村生活指导，这种帮助还专门针对中小型农场进行。家计管理局的贷款利率比政府贷款利率低 2.4%，还可对农场可以提供私人信贷担保等。在丹麦，家庭农场投入资金的 75%～80% 由农业信贷提供，而丹麦农业抵押银行就主要针对农业、花卉和林业提供贷款。80% 的家庭农场主可以通过国家农业咨询服务中心与专家面对面获得生产需要的农业信息和技术服务。丹麦还专门为家庭农场成立农业科研联合委员会，及时了解家庭农场生产现状及农户信息需求，有针对性地进行专项农业生产科技成果转化。

基于以上一些特征，国外家庭农场在农业产业发展的过程中有不少值得我们学习的机制性经验。

土地政策。美国家庭农场的土地政策集中体现为土地所有权的私有化。1820 年，美国建立了家庭农场的农业经济发展制度。1862 年通过《宅地法》，规定向在土地上将公有土地耕种 5 年以上、年满 21 岁的个人或一家之主免费赠送 64.75 公顷公有土地。这种把公有土地赠给真正需要土地的人的做法，使美国家庭农场制度在美国农村得到广泛的建立和巩固。土地所有者拥有的土地权利是稳定而有保障的，并且拥有对土地收益分配和处分的权利，在土地转让、租赁、抵押、继承等方面也都具有完全的权利。成熟的土地制度催生了越来越多的大型家庭农场，农场主可以很方便地租用或购买土地。现在美国大型、超大型家庭农场主要通过租赁方式获得土地。2/3 的年销售额在 10 万美元以上的家庭农场中，农场主只拥有农场部分土地，其他土地通过租赁方式获得。

荷兰的土地分为两类，一类是私有的，可以买卖，另一类是国家投资围垦的，只能租赁，且租赁期很长。受自然地理环境的制约，荷兰人多地少、土地稀缺，但其较为成熟的市场经济体制为土地集中和农场平均规模扩大做出了很大贡献，购买和租赁成为荷兰种植业农场扩大土地规模的主要途径。荷兰先后出台及修订了《土地整理法》、《农用地转让法》等重要法律，不但对土地交易做出规定，而且为基础设施建设用地提供了法律和制度框架。同时规定，国家给予退出农业经营的小农场一定的再就业津贴，但条件是必须售出自己的土地。这种制度安排不但有利于农业生产规模的扩大，还控制了土地价格的不合理上涨，保障了农场主对生产活动的决策权和对资源的支配权，激励着农场主从经营活动中获取最大的回报。

英国的土地租赁制度是兴办家庭农场的基础。18—19世纪，英国废除了敞田制，确立了私有制的土地制度，土地所有者大面积购买土地，导致土地不断集中，经营规模不断扩大。但进入20世纪以后，随着英国产业结构的调整，资本从农业流入利润更加丰厚的工业，这导致大地主地租收入的下降。因为不能获得更多的利润，许多土地所有者放弃了对土地的使用和控制，转交给农民重新租赁使用。此时，英国的土地私有产权重新发生变化，绝大多数农民通过签订租赁合同的方式从土地所有者手中得到土地。由于租赁合同对合同双方利益的认同和制约，使土地租赁制度得到确立和巩固。通过对合同的认可和履行，保障了土地租赁制度在英国的推广，土地使用权得以进入那些缺少土地私有产权的家庭，使之得以兴办家庭农场。由此可见，规模经营不一定以私有产权作为必要条件，土地租赁一样提供了兴办家庭农场的可能。

产业结构。美国家庭农场的生产经营以区域化布局为基础。全国分为10个"农业生产区域"，每个区域主要生产一两种农产品。北部平原是小麦带，中部平原是玉米带，南部平原和西北部山区主要饲养牛、羊，大湖地区主要生产乳制品，太平洋沿岸地区盛产水果和蔬菜。就是在这种区域化布局的基础上，建立和发展了生产经营的专业化农场。

法国家庭农场的产业结构主要按照经营内容划分。目前，法国有各类家庭农场约66万个，平均经营耕地42公顷，其中60%的农场经营谷物，11%的农场经营花卉，8%的农场经营蔬菜，5%的农场经营养殖业和水果，其余为多种经营。法国农业以中小农场为主要经营方式，这些中小农场占农场总数的81%，它们既是法国农业生产的主力，又是农村经济结构的基础。

为此，结合我们自身国情，在农业产业创新的过程中，要有一些制度性的保障。

加快建立土地流转的长效机制。家庭农场要实现适度规模经营，地权的清晰界定是基础。要强化农民土地的承包权，通过确权、颁证的形式对农民土地的使用权进行界定，从而建立土地流转的长效机制；要完善土地流转交易平台，发展中介组织来规范流转市场。通过土地流转制度改革把土地资源资产化，既坚持了农业土地所有权的不变，又通过市场化运作把资金等生产要素向农业生产聚集，激发农民的积极性；要完善土地流转的相关法律体系，主要为了防止利益驱动下强占农民土地和改变农地用途等不良倾向，在土地流转过程中做到有法可依，从严从重查处土地流转过程中的违法乱纪现象，切实保障农民的根本利益。

增强家庭农场的市场竞争力。现在我国大多数家庭农场还不具备"自我投入、自负盈亏、自主经营、自我发展"的能力，特别是在生产投入上明显不足。为此，我们必须增强家庭农场自身的市场竞争力。一方面家庭农场要加强自身建设与发展，始终站在现代农业技术的前沿，依靠科技进步，获取技术效益，以加快原始积累；另一方面要寻求政府政策的支持。对我国而言，首先可以在 WTO 政策允许的范围内，加大对家庭农场的直接补贴力度，让家庭农场直接受益；其次切实减轻家庭农场的负担，杜绝乱集资、乱摊派、乱收费等现象的发生；再次政府加大对农业的投入，扶持水利、电力、交通、通讯等农业基础设施建设，改善家庭农场的生产条件，增强抵御自然灾害的能力；四是在信贷税收等方面对家庭农场主采取优惠政策。这样才能不断增强家庭农场的经营实力，从而不断提高其市场竞争力。

建立健全社会化服务体系。建立农业社会化服务体系是农业现代化的一个重要方面，也是家庭农场发展的必要条件。国外家庭农场的发展都没有离开社会化服务组织的支持。我国也应积极建立各种农业协会、家庭农场联合组织等，以组织化的形式对接政府、市场，在农业发展资金的拨付、农业技术推广、基础设施建设、农业信贷等方面为农业生产提供便利，为家庭农场主提供产前、产中、产后需要的各种先进服务，逐步建立和完善服务体系，满足市场千差万别的需要，有效抵御自然风险和市场风险。

"互联网＋农业"的多样化产业创新模式

在农业迈向现代化的过程中，以互联网为特征的现代信息技术发挥了十分重要的作用，在规模化经营的基础上，互利网进一步成为农业产业发展的强大助推器，各国都形成了互联网农业产业创新的模式和理念，而首要的就是农业电商的兴起。在这里，我们首先看两家国外较有影响力的农业电商。

美国生鲜电商 Local Harvest 是连接中小型农场和消费者的平台。运营覆盖几万个家庭农场和农场超市以及农贸市场，它将本地农场信息汇集起来，为消费者提供了丰富的食物选择。Local Harvest 的理念是"真实的食物，真实的农人，真实的社区"，鼓励农民和消费者建立联系。通过地图检索系统使人们能够便利地选购本地农产品。消费者输入本地区号，就可以检索到本地农场。吃在当地的好处是物流难度高的农产品例如叶菜和禽蛋，通过本地区宅配就可送达消费者。这样可以有效降低因长途运输而带来的高物流费用。Local Harvest 这种专业化的垂直电商网站，大大促进了食物生产和消费的透明度和便捷度。

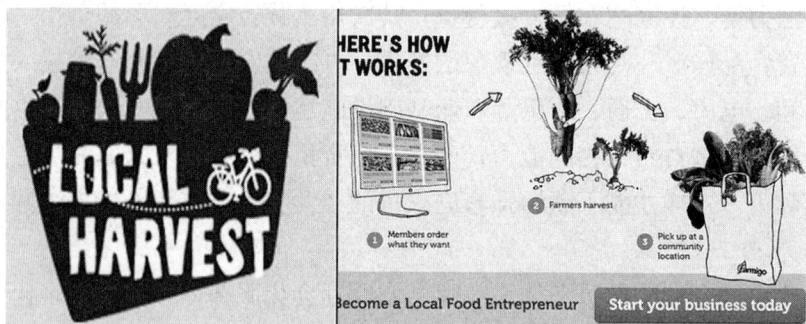

美国农业电商 Local Harvest

韩国目前较为知名的农业电商是 Kgfarm，消费者可以通过这个网站获取农产品消息，进行交易。值得一提的是 Kgfarm 起初有三种运营模式：政府运营，政府委托公共机构运营，民营。结果是第一种 100％失败，第二种效果也并不好。原因主要是政府经验不足应变慢，而民营企业创新力旺盛，掌握着最深厚的农业、电商技术和运营经验。

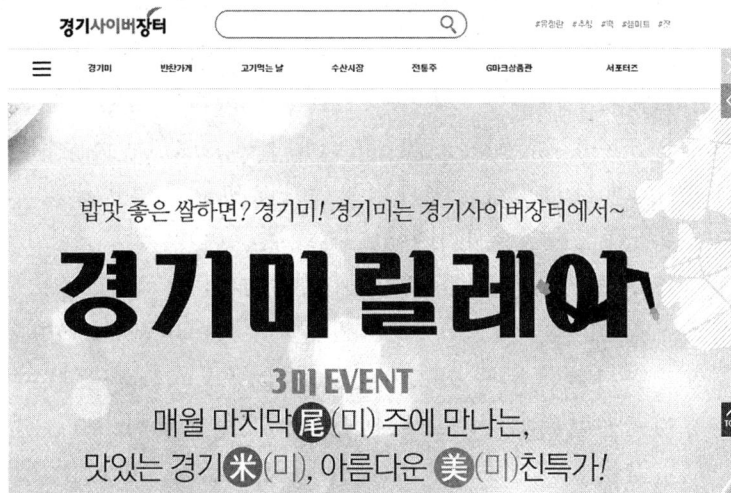

韩国农业电商 Kgfarm

　　农业电商的发展使农业生产、经营环节数字化管理程度有了极大提升，互联网涉农企业不单是农产品的生产销售者，更成为农业数据的采集者和使用者，将原来农民小农生产时期简单、粗放的经营变成一种在数据和信息指导下的精确化生产经营，为生产者和消费者提供多种销售模式，解决了农产品因流通环节多、损耗大、成本高等问题导致的销售不畅难题。同时，形成高效、完备的农业物流配送系统，根据市场需求，实现物流网络化、智能化的细化分工，提高整体效率，实现顾客所需农产品的及时安全配送。

　　近年来，我国加大力度推动"互联网＋农业"发展，取得不少成效。2012 年被称作生鲜电商元年，京东、天猫和 1 号店等电商平台纷纷高调投入这个领域，开设了生鲜频道，这些电商都走的是平台模式，自己并不种植或饲养任何产品，给人的感觉就是把超市搬上了网。一些农业电商平台，更在互联网营销的过程中，善于包装、善于讲故事，将农产品背后的故事广泛宣传，形成某一品牌特有的产品文化。如"褚橙"、"柳桃"、"潘苹果"等，农产品和时尚、文化、绿色等鲜活地联系了起来。盒马鲜生为阿里巴巴旗下主营新鲜海产、果蔬、食品的公司，盒马鲜生力求依托阿里巴巴强大数据和物流能力，主打有机无农药、无隔夜菜的新鲜食品销售。盒马运营融合手机 APP 与实体店为一体，即使人就在店中也可通过盒马

APP下单，让线上线下的概念模糊融合。实体店主打高科技新零售概念，所有商品标签都是采用电子纸，可以透过扫码的方式进一步了解商品资讯。还有无人自动结账机台，天花板上还装有机械轨道运作半自动捡货柜，所有店中顾客可以看到网上顾客的订单下订后通过店员检装，之后进入机械轨道的送货打包物流，预计未来要往全机器人模式开发。2018年时其店内附属餐厅已经尝试使用半机器人送餐。

预计未来5～10年，农业劳动力人口数将加速下降，农业服务人口数将加速增长。农村互联网创新产业不断涌现，农村电商消费市场增长迅猛，电商进驻农村规模不断扩大，进一步丰富了农村的互联网产业形态，农村市场成为电商消费增速最快的地区之一，市场增长空间巨大。以阿里、京东为代表的电商巨头加速布局农村市场。京东于2017年宣布，未来五年将在全国开设超100万家京东便利店，其中一半在农村。阿里旗下的B2B订货平台"零售通"2018年年内目标是覆盖100万家零售小店，强化物流等方面的优势。数据显示，农村电商市场预计未来5年年均复合增长率约为38.87%，2020年市场规模有望达到16 860亿元，农村商业生态在改变，物流首当其冲。但是，农村物流不得不面对成本、机制创新和人的问题。通过"互联网＋"助力乡村振兴，仍然面临诸多挑战。

同时，在很多地方，电商平台、"淘宝村"、微商数量不断增加，有力促进了农民增收、农业发展。但一些地方在发展时受"项目观"、"政绩观"影响，不加分析研判、不去结合实际：有些急切上项目，搞运动化发展，"有设备、没成交量"；有些盲目扩张，搞规模化上线，以"淘宝村"为例，大规模上线大众化农产品，销售量不高，"成本＋快递"的模式压缩了利润空间，甚至有些所谓的"淘宝村"以刷单方式完成政府设定的成交量指标。记者采访发现，有些地方，一些工商资本以发展特色小镇、乡村旅游、休闲农业等名义，跑马圈地，变相搞房地产开发；有些地方，一些工商资本规模化流转耕地后，存在单方面"毁约退地"情况，损害了农民利益。资本下乡冲劲十足，要警惕"热投资，冷农民"倾向。

不管怎样，我们还应以一个开放的态度看待农村电商的发展，应该重视新一代互联网技术在农业生产环节的融合度，形成符合自身发展特点的互联网农业发展模式。目前，我国互联网农业发展主要面临三大挑战。

一是我国农业生产和销售数据来源比较少，农业数据不够精细，难以反映真实情况。目前，主要投入使用的只有高空监测、土壤监测两种类型，但植物在各个时期的生长参数的变化情况以及作物轮种引发的土壤改变等精细信息也十分重要，相比日常生活场景，农业数据的来源非常有限。此外，大学和科研机构虽然拥有大量的基因组序列数据，但是，这些作物一般生活在温室或培养箱里面，它们的生长环境是稳定不变的，很难反映出在野外田间的真实状况。

二是我国农业数据的储存比较分散，还没形成规模效应。互联网企业将不同地区的农业数据储存在各自的服务器上，这些数据还不能与其他公司实现共享，自然无法联系在一起，形成规模效应。

三是互联网技术与农业的融合程度不够。我国发展互联网农业的最大挑战是如何把新一代信息技术在农业生产过程中落地和转化。

比较国内外农业电商可以发现，国家政策、网络环境、产品质量、服务水平等都影响着农业电商的发展。而发展起来的农业电商要想站住脚跟，必须立足实际需求掌握农业相关经验，也需要有清晰的市场定位和灵活应变市场能力。总之，只有对产业链起到良性作用的变革才会被市场选择。

"信息进村，产品出村"是当务之急

"互联网＋农业"是实现传统产业转型升级，推动农业现代化发展的一个重要途径。互联网快速迭代的技术和充满实验性的探索，为农业现代化的发展提供了多种可能。在顶层设计不足的情况下，容易出现一哄而上、盲目发展的局面。但是，结合我国大多数农村实际，在互联网与农业融合发展的实践中，实际效果和外界期望尚存在一定差距，在融合过程中还存在着不平衡不充分的情况，多数农民的农村电商获得感还不强。"互联网＋农业"，当务之急是解决信息不对称，让信息进村，农产品出村。重点是促进农村一二三产业融合发展。

一个时期以来，全国各地不时发生的农产品滞销案例中，除了天气灾害等客观因素外，更主要的原因还是落后的种植习惯导致的农产品结构单一、产品质量差，难以满足市场需求所造成的。很多农户已经形成了习惯惰性，嫌新品种种植麻烦，习惯于种植老品种，导致新品种畅销，老品种滞销，如此鲜明的反差，应该促进当地农民改弦易辙、转变思路。仅2018年一年，全国多地出现大蒜、马铃薯、菠萝、芒果等农产品滞销，农民损失惨重的情况。部分果农只能被迫将产品贱卖，甚至因无法保本而把果品倒掉。无论是果贱伤农，还是果贵伤民，农副产品价格的大起大落都不利于行业的健康运行。全国农产品滞销事件此起彼伏，严重影响农业经济、农民增收乃至脱贫攻坚工作，成为当前我国农业高质量发展面对的重大挑战。

▶ 小案例：由信息不对称导致的农产品滞销

广西荔枝滞销，0.5元1斤都卖不出去。北京青年网2018年6月20日称，在中国荔枝之乡广西灵山，2018年多个地区荔枝价格大跌。在往年这个时候，灵山荔枝的收购价格一般在每斤1.2元左右，但2018年却降到0.8元左右，甚至有一些品种价格在0.5元。而据灵山当地人透露，部分荔枝果农连0.5的价格都卖不出去，有部分果农因与收购商谈不拢价格，一气之下当场把荔枝当垃圾处理，还有村民倒掉荔枝当场踩烂。

云南咖啡跌破成本，从"香饽饽"到"烫手山芋"。央视网2018年6月19日称，作为出产占比超95%的中国咖啡主产区云南，近日刚刚结束采收季。辛苦一年，终于到了收钱的日子，但种植户们却高兴不起来。据悉，2018年云南咖啡一千克只卖到10元钱，较2017年价格（17元）接近腰斩。当地种植户称，这几年人工从每天40元涨到70元，尿素一袋从85元涨到120元；按照目前的价格，保本都很难。过去咖啡树是摇钱树，现在却成了负担。

湖北枣阳6万斤桃子滞销 桃农：已有1万斤被倒进鱼塘。搜狐网6月8日称，由于2018年桃子价格暴跌，湖北枣阳大量桃子滞销。在往年，桃子价格通常是在两三元一斤的，现在只卖0.5元一斤，这6万斤桃子滞销使得价格暴跌，但也仍然卖不出去。对于这些卖不出的桃子，桃农表示只能倒在路上或鱼塘里，大概有一万多斤的桃子都被这样处理掉了。

广东徐闻菠萝5分1斤无人收购，烂在地里。《瞭望新闻周刊》2018年6月5日称，近日，"菠萝之乡"广东省徐闻县上亿斤菠萝滞销，往年可以卖 1.5 元一斤的菠萝，2018 年 0.15 元一斤都无人问津。有果农满满的一拖拉机菠萝 5 000 多斤，才卖了 500 多元；还有老大爷守着菠萝车一脸沮丧地表示，即使只要 5 分钱一斤，摆了半天也没人要。据悉，2018 年徐闻县菠萝种植总面积约 30 万亩，全县总共有 5 亿多斤的菠萝等着卖，1.6 亿斤滞销。果农表示，现在的价格连采摘的人工费都不够，很多熟了的菠萝只能任其烂在地里。

0.1 元 1 斤没人要，海口上万斤菠萝、东方几万亩芒果滞销。搜狐号"海南身边事"2018 年 5 月 19 日称，2018 年海口琼山区三门坡镇不少菠萝种植户将面临亏损。往年这时候，每斤菠萝批发价在 1.8 元左右，但现在每斤一两角都无人问津。有的果园里上万斤菠萝堆起熟烂在地里。果农无奈称，"今年只要有人来买，多少钱我们都愿意卖。"无独有偶，海南东方市 2018 年种植的 18.3 万亩芒果还有 10 多万亩芒果未采摘，几万亩芒果为销路发愁。据海胶集团广坝分公司红泉派驻组周组长称，往年这时候的芒果收购价都有每斤两三元钱，可现在有的芒果卖八九角一斤都少有问津。

云南逾 10 万吨大蒜滞销，一亩亏 3 000 元。新华网 2018 年 5 月 18 日称，云南大理、丽江多地出现大蒜严重滞销，规模多逾 10 万吨。记者实地走访大理洱源县、丽江永胜县多个乡镇发现，2017 年最高可以卖到 8.5 元/千克的丫蒜，2018 年价格最低时仅卖 0.8 元/千克；2017 年最高 16 元/千克的独蒜，2018 年的价格仅为 6 元/千克。有村民称，一亩至少亏 3 000 元，现在家里已经堆了几十吨大蒜。

来源：根据媒体公开报道整理。

从洋葱、芹菜，到卷心菜、土豆、苹果，农产品滞销一波接一波。滞销原因既有农产品周期性固定收获季节集中上市原因，也存在农户信息不对称、跟风经营、盲目种植，导致供过于求等问题。信息不对称放大农户决策的自发性和盲目性，加剧农产品"周期病"。造成农产品价格周期性大幅波动的主要因素，很大程度上还是体现了养殖户决策的自发性和盲目性。农民生产方式落后，且对于市场信息了解滞后，加之农副产品生产和市场行情有滞后性，而市场游资的进入让农产品正常周期被打乱，这些都导致散户盲目跟随市场行情，追涨杀跌，成为市场供给的变数所在。

与农民手中农产品滞销相对应的一个情况是，农产品"产地滞销、异地高价"的现象，农产品流通过程中的物流规划不合理，流通环节过多，导致迂回运输、长距离运输，流通费用过大，是导致蔬菜生产价格与销售价格悬殊的重要原因。水果在农村几分几角一斤还滞销，但到了城市里就几元甚至几十元了。从水果产地运输到城市，各级经销商、经纪人、水果贩子的人工成本、运输成本、存储成本、损耗，还有过路费、罚款、进场费等产生的费用成为大头。流通环节层层加码，流通成本高，导致原产地价格低到没人要、市场地价格居高不下。

农产品的自由流通首先是信息的无缝连接，为此，各大电商包括农业电商都着力打通原产地与市场的信息屏障，并建设自身的物流体系。成千上万的农民为开拓自身农产品销路，不仅依赖于电商品搭建的平台，也依托于互联网直播经济的崛起，开拓了网上直播的农产品销售方式，网络直播平台不仅简单的是农产品的展示，而是更全面地让消费者看到了农产品生长的真实环境，甚至是生长全过程。这些直播平台，通过全角度的立体展示，突出了不同农产品有机、绿色、新鲜等特色，往往更容易赢得消费者青睐。目前，国内视频直播平台中活跃度高、用户量大的抖音、快手、美拍等都聚集了相当一部分农产品直播群体。传统电商淘宝也开拓了自身的直播功能。淘宝的数据显示，如今有近 10 万名农民加入到"直播大军"推销自己的产品。有些甚至成为"直播网红"。从政府官员、娱乐明星到草根，纷纷走上直播平台，助推农村土特产品销售明星柳岩在阿里巴巴集团旗下的聚划算团购平台进行直播，短短 1 小时内，观看人数接近 12 万，直接下单柠檬片 4 500 多件、枣夹核桃 2 万多件，成为农产品直播销售的典型案例。

一些贫困乡村，在精准脱贫走向致富的过程中，也利用起互联网弯道超车的机会，形成网络扶贫的典型案例。地处四川省秦巴山的苍溪县岫云村在 2017 年的世界互联网大会论坛上展示了因地制宜、利用网络电商打造"岫云村品牌"的故事。岫云村"85 后"村支书李君不仅在成都开设了首家扶贫体验餐厅，还可以线上购买、定制岫云村农产品，通过二维码扫描溯源观看、了解农产品生产过程。目前，岫云村已实现整村脱贫，周边村落受此影响，也发展出特色的农业创客、农业微商、农业直播能手等。

进一步优化农产品供应链，完善涉农电商的发展，还要做好以下几方面的工作：

一是完善农业信息化基础设施及相关配套措施。政府应加快农业信息化基础设施建设、完善服务体系，着力实现各参与主体的信息对称，主要包括政府、供应商、平台商、产品受众四个方面。只有地方政府、供应商、平台等齐心协力，挖掘发展潜力，补上发展短板，才能将国家战略和地方发展有机结合。继续强化市场体系建设和创新农产品流通方式，加快农产品冷链、制冰、分拣等基础设施建设，补齐短板，推动农产品加工发展。并建立大宗农产品产销联动机制，推动农产品电子商务发展，鼓励发展订单农业，探索拍卖交易模式，推动开设农产品收入保险，同时大力开展营销和产销对接服务，组织多层次的农产品展销推介活动。

二是从消费端着手建立农业智慧供应链，发展农村社会化服务产业，从而增加农民获得感。当下农村和农民还远不具备主动参与农业智慧供应链体系的能力，这就需要从消费端入手，由流通环节经营主体发起并连接农产品生产、加工、流通和服务等环节，形成农业供应链逆向拉动网络，在国家政策扶持和激励下，进一步吸引资本、信息、管理、技术和各类资源禀赋，拉动和引导农业全产业链资源配置优化，将农业由生产型向消费导向型转化，构建全新的一二三产业融合关系。因势利导、借势而飞，以消费拉动的农业智慧供应链才是破解"三农"问题的最佳路径。当前我国亟待培育各类社会化服务组织、各类农业共享经济，如农产品精深加工、乡村旅游、耕种、收割、田管等社会化服务产业，大力发展现代农业服务业，既提高了农业生产经营效益，又降低了农业生产经营成本，更能使我国长期存在的小农户与现代化衔接问题得以妥善解决，农民既可以参与就业，也能够增收致富，把资源变资产、把技能变资本、把劳动变资金，从而增收致富，增强他们的获得感、幸福感。

三是政府依靠市场手段，合理规划，规避风险。政府出台政策鼓励工商资本下乡，容易出现资本的同质化竞争，一旦政策收紧，资本经营容易出现问题，反而会破坏产业生态，造成毁约退地、资本"跑路"现象发生，损害农民利益。他建议依靠市场手段调节资本流动，政府不能盲目以行政手段干涉，但应提前应对规避风险。对地方而言，需要因地制宜，充分考虑本地政策、资源、资金、物流等基本发展条件，练好内功。重视产品的提档升级，要一手塑造原有产品形象，一手发掘特色新产品。实施品牌战略，让线上推广有动力。

四是推动农村电商人才专业化，完善人才储备。眼下，农村电商的专业人才太少，跟不上发展形势的需要，亟须加大人才培养力度。农村电商需要在吸引和留住人力资源方面开展大量工作，建议开设系统的专业课程，特别是在职业道德上加强教育，培养高素质、高技能、诚信买卖、服务至上的农村电商专业人才。此外，要注重加强对创业者的创业安全保障，提供创业资金，加强创业指导，适当提高其收入，特别是物流行业。解决物流中人的缺口，需要推动农村电商人才专业化，建立起新的人才储备。

▶ 小案例：农业电商一亩田与易果

北京一亩田新农网络科技有限公司是一家基于移动互联网技术、深耕农产品产地、提供产业链服务、提升农业生产水平和促进农产品流通效率的互联网公司。一亩田交易服务平台采取 B2B 电商业态，为具备一定规模的农产品经营主体提供交易撮合和供应链服务。截至 2019 年 2 月底，一亩田平台注册用户已达 1 500 余万，分布在全国 2 800 余个县（其中包括 824 个国家级贫困县）以及 150 余个国家和地区，涉及农产品12 000 余种，是国内移动端用户规模领先的农产品电商平台。

上海易果电子商务有限公司成立于 2005 年，通过搭建"悠悦会"——综合食品服务网络平台，致力于推广安全、健康的食品文化，

营造和谐、环保的品质生活氛围。以"安全"、"美味"为准则，悠悦会以专业买手的身份，精挑细选，逐步建立"易果"、"原膳"、"乐醇"、"锦色"等品牌，覆盖中国人饮食结构的主要部分。同时，以上海、北京为圆心，建立起全国定时冷链配送网络，将"新鲜美味"延伸至客户餐桌。

来源：根据电商资料整理。

第四章　互联网与乡村普惠金融

造血先要输血。农业产业的振兴，首先需要财政支持和金融帮扶，通俗的话讲，"有钱才能办事"。农业财政补贴是一种常用的政策工具。长期以来，我国财政对农业生产流通领域的多环节、多类别进行普惠性的补贴，大多数以价格补贴或贴息贷款的形式，为降低农用生产资料价格，促进农民收益发挥了重要作用。但与适应现代农业发展要求来看，农业补贴结构、方式尚需改进，并且应更好发挥各类金融产品的作用。互联网金融的出现，一方面促进了农村小额贷款的发展，另一方面也暴露出不少发展中的漏洞和问题。

现代农业国家的财政金融政策

世界各国都十分注重农业财政金融政策对农业产业振兴的作用。现代农业国家在长期发展完善中形成了一些有各自特色和借鉴意义的创新方式。

以美国为例，增加农业专项贷款，以满足新农民和农场主的资金需求。农业专项贷款是美国农业部农场服务局为缺乏启动资金和应急资金并且无法从商业信贷机构获得贷款的农民提供的专项信贷，是一种临时性、过渡性的援助资金。专项贷款虽然不是 2014 年农业法的新内容，但是较之从前，贷款规模和力度有了进一步加强。众议院通过的农业法提出，农业专项贷款包括农场所有权、农业生产经营的直接贷款和担保贷款。农民只要实际从事农业生产经营超过 3 年且满足担保条件，就能获得最高 3 万美元的直接贷款和 7 万美元的担保贷款。参议院通过的农业法提出继续实施 2008 年农业法中专项贷款方面的措施，设立贷款基金储备，专门用于新农民和农场主的经营周转贷款和农场所有权贷款，实施"新农民和农场主个人发展账户试点计划"支持新农民，该计划授权提供配套资金，支持个人储蓄，特别用于新农民和农场主的相关农业生产支出。在此基础上还不断完善农业补贴，让新农民和农场主得到更多实惠。美国 2013 年农业法最重要的改革是调整农业补贴政策。长期以来，美国政府通过各种补贴帮助农民抵御自然风险和市场风险。但是，新农民和农场主获得补贴的比率和补贴程度较低。2014 年美国农业法进一步调整和完善农业补贴政策，拓展美国农业安全网对新农民和农场主的帮扶力度。依据资金额达 1.93 亿美元的生物质作物援助计划，农民种植多年生生物质作物可获得最高 50% 的成本补贴。美国农村能源计划则简化了农民和农村企业申请中小型农村能源计划的程序，该计划未来 5 年将投资 2.41 亿美元帮助农民、农场主和农村企业，通过安装可再生和节能设备降低在能源方面的支出。

欧盟国家的农业保护主要通过实行共同农业政策来实现，因此欧盟国家对职业农民的扶持主要有两部分组成，一是在欧盟共同农业政策（Common Agricultural Policy，简称 CAP）的框架内对本国职业农民采取积极的农业补贴与保护政策。二是欧盟各国内部对职业农民的扶持政策和措施。

欧盟共同农业政策。共同农业政策是欧盟内实施的第一项共同政策。建立之初的目标为提高农业生产力，确保农业生产者合理适当的生活水准。稳定农产品市场，确保农产品供应，提供给消费者合理价格，使欧盟农业免遭外部廉价农产品的竞争。欧盟每年从各成员国收取其国民生产总值的 1.27% 作为欧盟共同基金，其中大部分用于共同农业政策的贯彻落实。CAP 欧盟共同农业政策自 1962 年出台以来，经历了多次改革。为了应对未来粮食安全、资源紧缺和区域发展的挑战，欧盟委员会从 2010 年发起并组织了一系列针对 CAP 新一轮改革的公开辩论和谈判。经历近 3 年的多轮磋商，欧盟委员会最终形成新的 CAP 改革方案并于 2013 年 12 月份通过欧洲理事会和欧洲议会批准，命名为 CAP2014—2020 多年度财政框架。

当前的欧盟共同农业政策（CAP）目前包括直接补贴和市场机制，支持乡村发展两大支柱。

　　直接补贴计划从 1992 年开始执行，是欧盟成员国农民从事农业生产最基础的支持。目前欧盟执行的直接补贴计划包括单一补贴、单一区域补贴、挂钩型补贴、特定农产品补贴等。根据国情和农业生产情况，不同成员国执行不同的补贴计划。单一补贴的获得有严格的评估标准，包括：农户的主体生产活动必须与农业生产有关，农业生产为经营副业不予补贴；农业生产活动要保持活跃，闲置土地而不开展基本生产活动的不予补贴；农户可用土地面积须不少于 1 公顷；农户开展农业生产需符合交叉遵守原则，即获得支付补贴的农民必须遵守相应环境保护、食品安全、动物福利等方面的法定管理条件以及保持优良的环境条件，如果农民没有达到相关要求标准，将会削减甚至取消补贴。

　　农村发展政策的核心是指导农业结构调整、环境保护和农村社区发展。经历 2003 年和 2008 年两次改革，农村发展政策在 CAP 中的作用得到了进一步增强，资金资助发展 CAP 总预算的比重不断提升，从 8.43% 增至 22%。农村发展政策以项目的形式执行。2007—2013 年共有 94 个农村发展项目在欧盟成员国开展，这些项目主要围绕以下主题展开：提升农业竞争力，包括农业投资、支持生产者集团、支持培训活动等改善环境和农村条件，包括生态补偿等；促进农村地区经济多样化和生活质量提高。

　　市场机制主要手段有价格支持和产量配额。随着欧盟加入 WTO，价格支持被列为需消减的"黄箱"政策而不再执行。产量配额主要用来限定一些过剩的农产品，如奶制品和糖类制品，尽管产量配额对稳定农产品市场价格起到一定作用，但是对供需关系会产生较大的扭曲性影响。

　　目前欧盟农业发展面临着很多来自农业以外的挑战，包括经济问题（粮食安全、全球化、价格波动、生产成本压力、农民在食品供应链中的弱势地位）、环境问题（资源紧缺、水和土壤退化、自然栖息地和生物多样性遭受威胁）、区域发展问题（农村劳动力人口减少、商业发展对农业生产的冲击）等。CAP2020 将通过 7 年的时间（2014—2020）深化欧盟农业生产的市场化改革，提高农产品竞争力，同时加强对农民收入保障、自然资源保护等的政策性支持，实现农业可持续发展。为保证新政策的平稳实施，2014 年作为 CAP2020 政策的过渡期，大部分具体措施将从 2015 年逐步实施。CAP2020 总预算约 4 083.2 亿欧元，占欧盟 2014—2020 多年度财政框架预算的 37.8%，彰显了欧盟对农业政策的有力支持。CAP2020 预算将主要用于农民直接补贴和农村发展项目，其中直接补贴 3 127.4亿欧元，农村发展项目 955.8 亿欧元。CAP2020 改革要点主要包括以下几方面：

直接补贴政策，统一按照该计划实施第一年农户可支配的有效土地公顷数来计算，每公顷补贴金额实现全欧盟统一标准，即同一费率。直接补贴以基本补贴计划为主体，结合绿色补贴、青年农民补贴、再分配补贴、自愿型挂钩补贴、自然条件限制补贴、小农户补贴等形式形成新的直接补贴政策架构。直接补贴目标向中小农户和青年农户倾斜。针对中小农户专门制定一套简化体制，使其能够更便捷地获得直接补贴，从而减少农民的行政负担。目前欧盟从事农业生产的人口中仅有14%为 40 周岁以下中青年劳动力，老龄化问题较为严重。因此，从 2015 年起，所有从事农业生产的青年农户（40 周岁以下）将获得额外的直接补贴（在已获得的补贴金额基础上再增加 25%），补贴期限最长不超过五年。

CAP2020 提出"活跃农民"概念，即生产经营活动主体为农业生产的农民才能获得直补，对于仅保留土地而不从事农业生产以及除农业生产外还从事房地产等高收入行业的将不予补贴。在农村发展政策方面，CAP2020 在以下方面有了新的内容：提升农业竞争力，通过支持农村设施的重建和现代化改造，为青年农民提供启动资金、完善农场咨询系统以及开展培训和创新项目来促进农业科研向田间实践转化，帮助农民适应新技术。

互联网金融在我国农村快速崛起

长期以来，我国为了促进"三农"发展，制定了多方面的金融优惠政策，但农户过多过散和农民征信的缺失，使在实际操作中，农户的金融需求仍然得不到满足。互联网金融的快速发展迅速渗透到了农村市场。解决了许多农村产业振兴面临的金融难题，但同时也衍生出很多需要关注的金融乱象。

通常意义上，农民在土地流转租赁，生产资料购买，农机具租赁和购买三方面有着较强的金融需求，但农民需要钱的时候，往往因为农民缺乏契约精神、还钱能力差等原因被金融机构拒之门外。如果深入了解农民生活便会发现，这种"错怪"农民的"标签"，很多时候并不是农民本身的素质造成的。而是因为一些靠天吃饭的农业现状难改，科学种植、农资使用、天气预警方面又缺乏及时准确的技术，导致农民抗风险手段很少，抗风险能力较低。在自己赖以维持生计的庄稼难以保证基本收成时，保证履行好契约精神当然变得十分困难。但农业人口、农业企业的信用贷款能力较低，土地、生物资产都不能作为抵押物。且"三农"领域，线上数据远远少于城市，信用评价和信用体系建设也较城市更困难。从金融机构的角度看，农村金融的获客成本和风控成本都太高。

征信体系建设缺失。目前，有相对固定工作单位、工资流水的城市居民较容易建立征信体系，购房购车记录、家庭成员工作情况相关的数据均已经信息化，贷款能力相对容易评估，但是在农村人口中，农户固定资产投入、种植经营情况、收入流水等相关工作和生活信息缺失较多，无法建立有效的农户征信系统，导致农村金融发展的征信建设缺失。

资产抵押能力较弱。农户的固定资产主要有自身土地，宅基地上自建住房，农机具等。土地抵押价值评估等服务还不够完善，农户的住房多为宅基地上的自建住房，如果农户发生违约，收回宅基地上的自建住房并不现实，也无法在市场上变现。因此，农民可用于资产抵押的高价值产品较少，资产抵押能力较弱。

回款不确定性较多。农户在持续丰收季节，回款相对容易，但由于种植产量和收获的不确定性，致使农户回款比较困难。对于民间借贷，逾期不还钱的话，会出现强制征收、甚至暴力征收的情况。对于大型商业银行而言，有时回收小额贷款花费巨大的人力物力成本，且获得利润较少，较大的不确定性阻碍了银行贷款的积极性。

根据第三次农业普查数据，我国小农户数量占到农业经营主体98%以上，小农户从业人员占农业从业人员90%，小农户经营耕地面积占总耕地面积的70%。小农户作为农村经济的重要组成部分，在资金需求上存在着"小额、分散"的特征，金融服务乡村振兴过程中必然要充分考虑这一因素。在金融供给不足的情况下，现有民间借贷非常流行，农户之间的个人借贷非常普遍，这很大程度上解决了农户的资金问题，但是由于民间借贷利息高，渠道不透明，回款方式粗暴等，仍然是很多农户迫不得已的选择。目前农村流行的一种金融方式是互助联保金融，这种金融方式的优势在于将风控风险下放平摊在几户农民身上，其次依托个人对农村环境的熟悉程度进行数据结构化，进行择优选择。

相比于城市，农村金融的巨大缺口为以互联网为特征的新金融模式带来商机，农村金融市场成为新的投资风口。围绕着农业生产的关键环节和符合农村的应用场景，以阿里巴巴和京东为代表的互联网公司，充分利用支农助农的金融政策自身电商的优势，为农民提供支付、保险和贷款服务，支付手段符合农民习惯。此外，领鲜金融、农泰金融、农分期等农村金融平台相继宣布获得融资。

阿里巴巴于 2014 年启动"千县万村"计划，在县乡铺设服务站点建立农村电子商务服务体系。利用电商积累的大数据，2016 年蚂蚁金服成立农村金融的事业部进一步拓展涉农金融业务。蚂蚁金服已协同各地政府建立起了区域专属授信模型，来为农户提供无抵押信用贷款。京东 2015年上线农资频道，提供种子、农药、化肥、农具等农资产品的电商服务，2016 年京东与当地农资企业合作建立了线下农资服务中心，在依托这些资源，通过"京农贷"等为农户提供养殖资金服务。

国有商业银行在这方面有一些更新的探索。例如中国农业银行利用区块链的分布式记账、不可篡改、可追溯、信任成本低等技术特性，农业银行将涉农电子商务、供应链融资、网络支付、企业 ERP、农资监管等行内外系统打造成联盟链，建立了以信任共识为基础的数据共享、流程简化、客户体验良好的业务和产品机理，为"三农"客户提供在线供应链融资服务，为尝试解决"三农"客户长期面临的因担保物不足、信用数据欠缺造成的融资难问题提供了思路。

中国农业银行上线的基于区块链的涉农互联网电商融资系统，是国内银行业首次将区块链技术应用于电商供应链金融领域。面向"三农"客户提供的电商供应链融资产品——"E 链贷"，是将区块链技术优势与供应链业务特点深度融合，在充分挖掘和利用农行涉农电商数据的基础上，向电商供应链的法人客户提供完整的电商融资服务，功能包括订单采购、批量授信、灵活定价、自动审批、受托支付、自助还款等。2018 年 8 月 1日，久保田农业机械（苏州）有限公司及其客户徐州中收农机汽车销售有限公司成功使用"E 链贷"完成首笔线上订单支付贷款。中小涉农企业在无抵押无担保的情况下，凭借自己在电商平台交易数据形成的信用，在线申请并使用了互联网信贷服务，是金融普惠服务的典型案例，也顺应国家"互联网＋"发展趋势，践行了"互联网＋"服务"三农"的战略部署。

在互联网金融有效服务农村信贷的同时，一种以金融为纽带的全产业链、全数据链的农业产业帮扶形式也开始不断涌现。互联网巨头们除了支付系统的下沉，把信贷支付与自身拥有的农业产业大数据分析结合起来，贷前金融分析、贷中运营把控、贷后偿还判断等全程指导帮扶。农民只需一心一意的完成种养，而互联网公司冲在了产销第一线。这既能解决涉农小额贷款征信识别难的问题，也发挥了大的互联网公司对产业把控的优势，消解了农民信息不对称所导致的销售风险。以阿里巴巴为例。贷前阶段，蚂蚁金服采用多维度数据分析上游种养殖户的经营状况和信用状况，并根据其偿债能力实现智能化的授信额度决策。贷中阶段，蚂蚁金服不直接发放现金，而是将贷款打入专有的定向支付系统并用于在电商平台上定向购买农资农具，确保贷款资金"专款专用"。贷后阶段，蚂蚁金服不仅通过大数据跟踪养殖户经营状况和风险状况，同时由龙头企业收购农产品并利用电商平台进行推广销售，在锁定客户销售渠道的同时控制还款来源，为资金回笼提供保障。

互联网金融的本质是金融，采用金融科技的"智能风控"手段成为网贷行业未来竞争的核心，如人工智能、大数据、人脸识别与区块链等底层技术，为科技赋能互联网金融提供了孵化的土壤，金融科技也成为互联网金融乃至整个金融业的重要推动力。京东金融研究院相关负责人曾对互联网金融的优势进行过这样的描述：互联网、手机移动终端在农村地区不断普及，电商、社交等移动应用的迅速发展为开展农村金融业务积累了大量原始数据，依托这些原始数据，可从不同纬度分析、描绘用户画像，客户的生活习惯、交易记录、违约记录等均可作为评价其信用的依据，这为举步维艰的农村征信提供了新可能。其次，数字科技打破时空限制，革新金融服务基础设施，降本增效。借助移动终端和应用，并结合人脸识别等远程技术，金融机构减少了对实体网点的依赖程度，革新了金融服务的媒介和基础设施。这一方面打破了传统金融服务时间和空间的限制，打开长尾市场，助推普惠金融；另一方面也优化了服务流程，提升了客户体验，节约了业务成本。此外，数字科技丰富农村金融产品种类，打破城乡之间的数字化鸿沟。供应链金融、消费金融、互联网众筹、智能理财等金融产品借助互联网渠道和数字技术，相继在农村地区落地，城乡之间的数字化鸿沟被逐渐打破。

中国人民银行、农业农村部等5部门于2019年1月发布《关于金融服务乡村振兴的指导意见》，明确了金融服务乡村振兴的近期及中长期目标。鼓励政策性金融机构、商业银行、农村中小金融机构依据自身特点发挥金融服务乡村振兴作用。明确金融重点支持领域，加大金融资源向乡村振兴重点领域和薄弱环节的倾斜力度，重点发挥好以下几方面的作用：不断加大金融精准扶贫力度，助力打赢脱贫攻坚战；围绕藏粮于地、藏粮于技，做好国家粮食安全金融服务；聚焦产业兴旺，推动农村一二三产业融合发展；重点做好新型农业经营主体和小农户的金融服务，有效满足其经营发展的资金需求；做好农村产权制度改革金融服务，发展壮大农村集体经济。该《意见》在强化金融产品和服务方式创新，更好满足乡村振兴多样化融资需求方面特别提到，推动新技术在农村金融领域的应用推广，规范互联网金融在农村地区的发展，积极运用大数据、区块链等技术，提高涉农信贷风险的识别、监控、预警和处置水平。加强涉农信贷数据的积累和共享，通过客户信息整合和筛选，创新农村经营主体信用评价模式，在有效做好风险防范的前提下，逐步提升发放信用贷款的比重。鼓励金融机构开发针对农村电商的专属贷款产品和小额支付结算功能，打通农村电商资金链条。

▶ 小知识：金融服务乡村振兴的近期及中长期目标

到2020年，金融服务乡村振兴实现以下目标：

金融精准扶贫力度不断加大。2020年以前，乡村振兴的重点就是脱贫攻坚。涉农银行业金融机构在贫困地区要优先满足精准扶贫信贷需求。新增金融资源要向深度贫困地区倾斜，深度贫困地区贷款增速力争每年高于所在省区市贷款平均增速，力争每年深度贫困地区扶贫再贷款占所在省区市的比重高于上年同期水平。

金融支农资源不断增加。涉农银行业金融机构涉农贷款余额高于上年，农户贷款和新型农业经营主体贷款保持较快增速。债券、股票等资本市场服务"三农"水平持续提升。农业保险险种持续增加，覆盖面有效提升。

农村金融服务持续改善。基本实现乡镇金融机构网点全覆盖，数字普惠金融在农村得到有效普及。农村支付服务环境持续改善，银行卡助农取款服务实现可持续发展，移动支付等新兴支付方式在农村地区得到普及应用。农村信用体系建设持续推进，农户及新型农业经营主体的融资增信机制显著改善。

涉农金融机构公司治理和支农能力明显提升。涉农金融机构差别化定价能力不断增强，农村金融产品和服务创新加快推进，涉农贷款风险管理持续改进，确保涉农不良贷款水平稳定在可控范围，县域法人金融机构商业可持续性明显改善，金融服务乡村振兴能力和水平持续提升。

中长期目标，到2035年，基本建立多层次、广覆盖、可持续、适度竞争、有序创新、风险可控的现代农村金融体系，金融服务能力和水平显著提升，农业农村发展的金融需求得到有效满足；到2050年，现代农村金融组织体系、政策体系、产品体系全面建立，城乡金融资源配置合理有序，城乡金融服务均等化全面实现。

来源：《关于金融服务乡村振兴的指导意见》。

泥沙俱下的互联网金融

新金融一方面在促进"三农"产业发展，助力乡村振兴方面发挥了积极作用，另一方面，新型金融模式层出不穷也使得互联网金融呈现泥沙俱下的局面，由于金融犯罪面临着调查取证难、法律适用争议多等问题，新型金融犯罪案件逐年增多，农民更成为重要的受害者。

当前，农村常见的新型金融方式及易发的诈骗形式主要包括以下一些：

众筹。众筹大意为大众筹资或群众筹资，是指用团购预购的形式，向网民募集项目资金的模式。众筹的本意是利用互联网和SNS传播的特性，让创业企业、艺术家或个人对公众展示他们的创意及项目，争取大家的关注和支持，进而获得所需要的资金援助。众筹平台的运作模式大同小异——需要资金的个人或团队将项目策划交给众筹平台，经过相关审核后，便可以在平台的网站上建立属于自己的页面，用来向公众介绍项目情况。

P2P 网贷。P2P 即点对点信贷。P2P 网贷是指通过第三方互联网平台进行资金借、贷双方的匹配，需要借贷的人群可以通过网站平台寻找到有出借能力并且愿意基于一定条件出借的人群，帮助贷款人通过和其他贷款人一起分担一笔借款额度来分散风险，也帮助借款人在充分比较的信息中选择有吸引力的利率条件。两种运营模式，第一是纯线上模式，其特点是资金借贷活动都通过线上进行，不结合线下的审核。通常这些企业采取的审核借款人资质的措施有通过视频认证、查看银行流水账单、身份认证等。第二种是线上线下结合的模式，借款人在线上提交借款申请后，平台通过所在城市的代理商采取入户调查的方式审核借款人的资信、还款能力等情况。

第三方支付。第三方支付狭义上是指具备一定实力和信誉保障的非银行机构，借助通信、计算机和信息安全技术，采用与各大银行签约的方式，在用户与银行支付结算系统间建立连接的电子支付模式。根据央行2010 年在《非金融机构支付服务管理办法》中给出的非金融机构支付服务的定义，从广义上讲第三方支付是指非金融机构作为收、付款人的支付中介所提供的网络支付、预付卡、银行卡收单以及中国人民银行确定的其他支付服务。第三方支付已不仅仅局限于最初的互联网支付，而是成为线上线下全面覆盖，应用场景更为丰富的综合支付工具。

区块链和数字货币。除去蓬勃发展的第三方支付、P2P 贷款模式、小贷模式、众筹融资、余额宝模式等形式，以比特币为代表的互联网货币也开始露出自己的獠牙。以比特币等数字货币为代表的互联网货币爆发，从某种意义上来说，比其他任何互联网金融形式都更具颠覆性。在 2013 年8 月 19 日，德国政府正式承认比特币的合法"货币"地位，比特币可用于缴税和其他合法用途，德国也成为全球首个认可比特币的国家。这意味着比特币开始逐渐"洗白"，从极客的玩物，走入大众的视线。也许，它能够催生出真正的互联网金融帝国。比特币炒得火热，也跌得惨烈。也许比特币会颠覆传统金融成长为首个全球货币，也许它会最终走向崩盘。

套路贷。"套路贷"的"借款"是被告人侵吞被害人房产、财产的借口，所以"套路贷"是以"借款"为名行非法占有被害人财物之实。而高利贷出借人希望借款人按约定支付高额利息并返还本金，目的是为了获取被害人的房产。对"套路贷"共同犯罪，确有证据证明3人以上组成较为严密和固定的犯罪组织，有预谋、有计划地实施"套路贷"犯罪，已经形成犯罪集团的，应当认定为犯罪集团。"套路贷"的实质是一个披着民间借贷外衣行诈骗之实的骗局。

债权转让。债权转让又称债权让与，是指不改变合同内容的合同转让，债权人通过与债权转让第三人订立合同将债权的全部或部分转移于第三人。债权全部让与第三人，第三人取代原债权人成为原合同关系的新的债权人，原合同债权人因合同转让而丧失合同债权人权利，债权部分让与第三人，第三人成为合同债权人加入到原合同关系之中，成为新的债权人，合同中的债权关系由一人变数人或由数人变更多人。新加入合同的债权人与原债权人共同分享债权，并共享连带债权。

信用证欺诈。是指买方（开证申请人）或者卖方（受益人），利用信用证是独立于合同之外的单独的单据买卖，是开证行对受益人有条件的付款承诺，即只要受益人提交的单据符合信用证的规定，开证行就保证向受益人付款，且这是开证行以自己的信誉所做的承诺。因此，不法之徒利用这些特点实施诈骗——开证申请人利用不良银行或金融机构开出大额的信用证，并利用空运和海运记名提单等特殊性，对信用证的受益人实施诈骗，即骗走受益人的货物，即便受益人交单相符，但是，因为开证行或金融机构无力承担偿款，从而使受益人损失了货物且不能够收回价款。同样，卖方（受益人）利用假单据做信用证的相符交单，从而获得开证行的付款，而实际所交货物与合同严重不符，致使买方（开证申请人）损失了价款。

在这里，我们以当前在农村流传最广、影响最大的P2P网贷的发展来看看互联网金融的一些特点和趋势。

2018年互联网金融行业风声鹤唳，很多人"谈P色变"，全国网贷平台累计6 000多家，其中跑路、清盘、失联等爆雷平台已经达到近4 900家，目前还在运营的还剩1 000多家，市场悲观情绪漫延。在此情况下，国家重拳出击，对P2P平台进行大力整顿，2018年11月，央行在发布的《中国金融稳定报告（2018）》中，正面肯定了P2P网贷平台在社会融资过程中的贡献。报告中多次提及P2P，指出问题平台数量减少，行业成交量回升，合规检查有序开展。报告的发布以及其对P2P的陈述，表明了国家肯定 P2P 在社会融资中的贡献，也给 P2P 投资者吃了一颗定心丸，明确了互联网行业不会出现系统性风险。但不置可否，P2P 当前的发展仍然存在一定问题和难题。

网贷行业洗牌不断。据网贷天眼不完全统计，截至 2018 年 11 月，共有 874 家网贷平台对接了存管银行业务，互金协会"资金存管"栏目显示，已有 21 家存管银行公布合作平台 417 家，未全量业务上线的平台共计 82 家。披露平台数量近半，众多网贷平台寻找存管银行进行对接的同时，平台工商信息扎堆变动。据网贷之家统计，2017 年 12 月至 2018 年 5 月底，36 家平台的实际运营公司法人出现变更，其中 23 家在法人变更时间点前后出现了重大股权变动。据业内人士分析，在新一轮的合规备案中，最终能拿到备案资格的平台数量会相当有限。这就意味着，对于众多 P2P 平台而言，要面临的行业洗牌还远未结束。

网贷商业价值大，未来发展向阳。从政策层面来说，P2P 的规范发展已经显得尤为重要。从普惠性质上说，P2P 网贷行业的迅猛发展推动下，国内的普惠金融发展迈向了全新的阶段。P2P 门槛低、收益高的特性，在践行普惠金融发展方面有着独特的优势。综合来看，从网贷的价值、政策、普惠性质上来说，都意味着 P2P 有着重要的地位，而未来的发展，想必也是更加的令人期待的，网贷行业发展重回正轨指日可待。

第五章　互联网与职业农民教育

互联网与农业的深度融合，对专业人才制度的建立提出了极高的要求。一方面，农村需要大量有现代农业经营理念的技术团队和人才。比如，农村电商的发展从农产品的运营推广、美工设计、数据分析各方面都需要人才参与。农业生产的主体是农民，对农村最有感情的也是农民，大力培育新型职业型农民，鼓励农民发展本土企业，是"互联网＋农业"发展的根本人才保障。另一方面，互联网产业的快速发展也为创新现代农民培养方式提供了很多帮助。乡村振兴战略规划指出，要全面建立职业农民制度，培养新一代爱农业、懂技术、善经营的新型职业农民，优化农业从业结构。同时要创新培训组织形式，探索田间课堂、网络教室等培训方式。家庭农场的现代化、专业化生产与商品化、品牌化经营离不开拥有科学生产技术和推广销售经验的高素质农场主，而这种高素质农场主不是普通农民可以胜任的，应该是有文化、懂技术、会经营的职业农民。在国外，农场主一般具有较高的学历，拥有较高的综合素质。而我国现在许多地方农业农村发展都面临着"后继无人"的威胁，素质较好的农村劳动力纷纷转向农村非农产业或城市就业，农业经营者的素质普遍不高。因此，应大力发展农业职业教育事业，提高家庭农场主及成员的文化素质、技术素质和商品意识、市场意识和经营管理水平，造就一大批现代家庭农场所需要的新型职业农民。

发达国家系统的职业农民教育

农业属于经济效益低、社会效益大的产业，发达国家扶持职业农民的做法大致可分为专项扶持、职业农民教育培训以及一般服务支持三个方面。专项扶持主要指各国在不同的发展阶段和时期，为扶持职业农民而设立的各种计划和项目。扶持职业农民的一般服务支持政策包括：加强基础设施和信息服务建设、投资农业科研等，为职业农民就业创造良好的环境。

由于农业的弱质性及其在国民经济中的基础地位，职业农民在农业生产中的主导地位，发达国家对职业农民都采取了支持与保护措施，形成了较为成熟并且多样化的政策扶持体系，客观上对稳定农业生产、提高农民收入起到了非常重要的支持作用。目前，我国职业农民培育尚处于试点阶段，相关扶持政策尚处于探索阶段。研究分析发达国家职业农民扶持政策，借鉴其成功经验和成熟做法，对于构建我国职业农民扶持政策体系具有重要的现实意义。

完善的职业农民培养体系。国外初等职业农民培训主要是通过阶段性的培训课程、技术指导等方式，提高现有农民的知识水平和农业技术水平，改善其农业经营管理能力的一种普及型的职业教育培训。初等职业农民培训的主要特点为培训普及范围广。韩国的"4H教育"就是这样一种初等职业农民培训，主要目标是通过培训课程的讲授，使农民具有聪明的头脑、健康的心理、健康的身体和较强的动手能力。美国除了公立学校开展的培训之外，在秋冬季的农闲时期，也会开展初等职业农民培训，培训对象是成年农民，一般都是由当地高中教师在夜校进行培训。

中等职业农民培训是培养"农业后继者"的主要培训形式，目标是对没有接受过农业教育的新农民提供从事农业经营所需的基础知识，并根据专业特点将其培养为具有独立经营能力或具备某项专门农业技术的职业农民。各个国家普遍都将中等职业农民培训作为职业农民培养体系中的最关键环节，突出强调培训的专业性和实用型。

高等职业农民培训是培养创新型和专业型农业人才的重要手段，国外高等职业农民培训中尤为重视职业农民的培养。重点采用理论教育与实践教育相结合的方式，培养达到一定专业水平的农业经营者、农业技术员及农业科研人员。

高等院校和科研机构是高等职业农民培训的主体力量，这在美国的农民教育体系中尤为突出。美国的农民教育培训体系是在一系列法案颁布实施的基础上逐步建立和完善起来的，按照《雷莫尔法案》规定建立起来的"农工学院"则成为美国农业科研、教育和推广的主要部门，负责全州的农业教育、科研和推广工作，三位一体，使高等农业职业教育、中等农业职业教育和各类农业短期培训班有机结合，农民能够参加各类层次的教育培训，掌握最新的科研成果和农业技术。

国外高等职业农民培训不仅需要进行一定课时的课堂理论学习，还要求在农场实践中获得学分，实践教学也成为教育的重要环节。以德国为例，"实践式教学"和"学徒式培训"是德国农业教育的显著特征，且随着年级的提高，在教学中理论教学比重逐渐下降、农场实践和操作教学课程比重逐渐增加，农场实践成为德国高年级农业学生的重要学习内容。法国的高等农业教育主要包括两年制高等技术教育、4～5 年的工程师教育和 6 年或 8 年的研究生教育。法国政府还通过开展多种形式的培训，推行专家定期现场指导制度，加强科研与生产实践的紧密结合。

职业农民具有严格准入门槛。发达国家高度重视提高农民素质，各国政府都把加强农民教育培训，实行农民职业准入制度作为战略重点，并通过立法形式加以明确。英国制定颁布了《农业培训法》，加强农民技术培训。法国政府规定农民必须接受职业教育，取得合格证书才能获得国家资助，享受补贴和优惠贷款，取得经营农业企业的资格。德国的《职业教育法》、《培训条件总纲》等明确规定，要获得企业（农场）经营权，就必须经过正规的职业教育取得"农业师傅"证书。

农民职业准入制度的建设，离不开政府的财政支持。英国国家职业标准的制定、职业培训课程的设计与开发等费用，都由政府财政拨款。德国政府规定，国家承担参加"双元制"培训学员的费用，同时对组织职业资格考试的行业协会提供经费补贴，并对农业行业协会的资格考试给予倾斜。韩国政府给予农业大学特殊的优惠政策，如免兵役制，免交学费，不需通过入学考试等，但必须是高中毕业和签订自愿协议，毕业后全部分配在农技推广系统。

职业资格证书制度是发达国家农民教育培训的最显著特点，其整个农民职业学历教育和农民培训上基本都是依照职业资格证书制度而展开。在英国和法国，农民培训的职业资格证书和农民职业学历教育证书基本上是相互分离的，农民培训对象和农民职业学历教育对象所获得的职业资格证书是不一样的。而在德国，二者是相通的，只要农民培训对象和农民职业学历教育对象经过培训达到了相同的能力要求，最后获得的职业资格证书是一样的。

为保证农民教育培训质量，各发达国家实行了严格的职业资格测评制度。英国对各类培训证书考试规定了全国统一考试大纲，只有通过考试才能获得证书。德国的职业资格考试由企业联合会专家组成的考试委员会组织，实行全国统考。考试合格后，应试者获得考试证书、培训合格证书、职业学校毕业证书，即可要求全额技术工人工资，并得到全社会的承认。

加强绿色证书管理，是确保职业培训鉴定质量和职业准入的重要前提。在美国，学历和技术职务一般是终身制的，而职业资格证书每3年更换一次，需要通过专业性机构组织严格的考核才能取得。德国的教育法规定，凡是即将参加农业生产的男女青年，在九年制或十年制的中学毕业后，必须接受三年的农业职业教育，才能成为农业劳动者。法国规定，继承父辈农场或创办农场的青年，必须取得相应资格证书后才能获得国家的各种财政补贴。

多渠道经费来源鼓励创业。国外职业农民培训体系完善、形式多样的一个很重要的原因是，很多国家形成了政府、企业及个人等多方筹资的经费体制，以此支持职业农民教育培训。在政府拨款和补贴的同时，企业和个人也参与到农业教育培训筹资中来，以纳税形式补贴培训费，确保职业农民教育培训经费充足，正常运行。

国外参与农业教育培训的学员一般不交或仅交纳很低的费用，而且有的国家还向学员支付一定的报酬。法国政府对农民接受职业教育培训的拨款，相当于对高等职业农民培训的拨款数，主要用于补贴农民参加培训期间的工资。而英国对参加农业职业教育培训的农民，每周发给25英镑的补贴。德国将农民培训经费列入财政预算，参考各农业学校及培训中心制定的培训计划，根据财政政策安排专款下拨培训费，农民培训经费来源稳定。

另外，通过立法，由企业和个人以纳税形式交纳培训费。英国现在每年有一万名农民由国家负责对他们进行一年的义务农业职业培训，国家每周发给参加培训人员25英镑补助工资。美国接受中等职业技术教育的学生是免费的，中学教育后的教育层次中，公立教育机构的学生只需支付全部费用的 1/6 左右，在私立教育机构就学的学生全部自费，经济困难的学生还可得到联邦和州政府的部分资助。

近年来，受到国际经济形势的影响，很多国家出现大学毕业生就业难现象，同时，农村地区青年劳动力极为缺乏，"有技术，会经营"的职业农民更为短缺。在此背景下，一些国家实施了落实安家费、提供优惠贷款、减免税收、提供社会保障等一系列优惠政策鼓励大学毕业生从事农业，并在财政上对大学生面向农村就业创业给予大力支持。采取灵活多样的稳定农民和农村社会的措施。扶持职业农民在农村创业就业，这些措施保护了弱势群体，保障了农村社会稳定。

2014 年美国农业法提出了一系列措施强化职业农民培养，提升新农民和农场主从业能力。在美国当农民是没有资格限制的，个人意愿决定是否从事农业生产。根据统计，美国农民中，35～54 岁的占 53%，35 岁以下的占 14%，平均年龄超过 60 周岁，青壮年农民数量短缺，不能满足未来农业发展的需要。2014 年农业法提出了若干措施，提高新农民和农场主的生产技能、经营管理能力和市场风险控制能力。政府提供资金资助以下领域：改善农业劳动力输送、确保农村劳动力稳定、开展农业劳动力培训直到 2018 年，同时为社会地位低下的农民和农场主提供农业技术推广与培训指导服务。加大对赠地学院涉农专业的资助力度，提高新农民的受教育程度。同时，通过提供政府补助等方式鼓励农场主向学生提供兼职和学徒机会。继续实施 2008 年农业法批准的新农民和农场主发展计划，旨在为新农民和农场主提供教育、培训、推广及指导服务，确保新生代农民的成功。2009—2012 年，美国政府共投入 7 500 万美元实施该计划，提升新农民和农场主的生产技能和经营管理能力。2014 年美国农业法规定，2014—2018 年间，将提供 8 500 万美元用于新农民和农场主培训，并将培训对象扩展到有意愿从事农业生产的退伍军人。

政府立法保障是美国职业农民教育培训的成功经验。美国是一个高度法制化的国家，一贯重视农民职业教育立法，制定了一系列相关法律、法规和优惠政策，使农民的职业教育在政策的作用下，向政府设计的方向发展。美国农业教育立法可以追溯到 1862 年的《莫里尔赠地学院法案》。该法案规定，联邦政府根据 1860 年各州在国会中的议员人数，按照每人 3 万英亩的标准拨给各州土地。各州利用出售这些土地的收益开办农工学院也称赠地学院，主要讲授有关农业和机械技艺方面的知识，培养农业发展所需专门人才。1890 年，美国国会通过了第 2 个《莫里尔法案》，规定联邦政府每年必须拨款给赠地学院，保证其有充足的运行经费。这 2 个法案是美国农业和农民教育领域最重要的立法，形成了政府对农业院校的拨款制度，实现了农业和农民教育的法制化和制度化，确保了农业教育长期和稳定发展。

为对不同地域的农业生产进行有针对性的研究，结合各地生产中的具体情况从事科学实验，更好地服务农业生产，1875 年美国第 1 个农业试验站在康涅狄格州应运而生，随后其他州纷纷效仿，建立了 12 个试验站。但是，除康涅狄格州外，其余试验站全部建在农学院内。这些试验站缺乏资金无法开展农业试验，于是纷纷求助联邦政府。美国国会 1887 年通过了《哈奇法案》。法案规定联邦政府每年从出售公有土地的收入中向各州提供 1.5 万美元，资助各州在赠地学院农学院领导下成立一个"农业试验站"，进行农业基础研究和动植物疾病与防治研究。农业试验站的建立，拉近了农业院校教学和农业科研的关系，为美国的"科教兴农"奠定了坚实的基础。

在赠地学院和农业试验站建立后不久人们逐渐发现，单靠学校教育和实验研究，很难将新技术卓有成效地推广到广大农民中去，还需建立完备的成人教育培训和农业推广服务体系。因此在 20 世纪初，各种程度不同、内容各异的农民短期培训班和函授教育蓬勃发展起来。1914 年，美国国会通过《史密斯-利费农业推广法案》，在联邦政府的资助下，农业部与赠地学院合作，建立负责农业技术推广组织、实施和管理的农业推广站。法案的颁布确立了赠地学院在农业推广中的主导地位。通过上述法案美国逐步形成集教学、科研和推广三位一体的合作推广体系，为农业快速发展做出了重大贡献。

1917 年，美国国会通过《史密斯-休士法案》，规定公立学校必须开展中等农业职业教育，对来自农村的在校生和社会青年开展职业技术培训。1929 年，美国通过了《乔治-里德法案》，要求联邦政府拨款资助赠地学院的农业教育和家政教育。1934 年，美国颁布了《乔治-埃雷尔法案》，规定美国联邦政府为各州赠地学院拨款 1 400 万美元。1935 年，美国国会通过《班克黑德-琼斯法案》，规定每年增加 100 万美元拨款，用于农业研究，5 年后达到每年 500 万美元。1963 年，美国国会通过《职业教育法》，鼓励农村学校举办专业性较强的职业技术教育中心，为农村工厂培养技术人员，提高非农业生产人员的能力。

相互联系又前后照应的数十部法案，极大地强化了政府对农民职业教育的干预。美国农民职业教育在健全的法律保障下，获得雄厚资金支持，培养了大批职业农民，促进了农业科技进步，为推动农业经济发展作出了重要贡献，使美国迅速从落后的农业国发展成全球最大的农产品出口国，为美国经济社会腾飞奠定了坚实的物质基础。

在欧洲，欧盟共同农业政策并不单纯是欧洲农业经济发展的结果。从本质上讲，它是战后欧洲政治催生的产物。欧盟为了协调成员国之间的利益，制定了三条必须共同遵守的原则，即欧盟市场统一原则；欧盟优先原则；价格和预算统一原则。对内实行价格支持，对外实行贸易保护成为共同农业政策的最大特点，推动了欧洲一体化的深入发展，为欧共体的历次扩大奠定了稳定的基础。

德国为保证农村职业教育健康有序发展，非常重视教育立法，通过立法来完善农村职业教育体系，保证人力、物力、财力的供给，从而培养和造就农村、农业发展所需的实用技术人才。

德国早在中世纪就有关于职业学校发展的法规。19 世纪，陆续颁布法律对青年接受职业教育作出规定。1969 年颁布的《职业教育法》是德国关于职业教育的最基本的法律。明确规定联邦政府和各州在职业教育中的义务，对工业、农业、商业等多个领域开展职业训练作出明确的规定，并对各级各类职业训练、制度、组织、考试制度等作了原则性规定。明确了各有关职能机构的具体职责以及保证这个体系正常运转的组织关系。继《职业教育法》颁布之后，德国又陆续出台《手工业条例》、《劳动促进法》等一系列涉及学徒训练的法规以及与《职业教育法》相配套的法律法规，诸如《企业基本法》、《培训员资格条例》、《青年劳动保护法》、《职业教育促进法》、《手工业条例》、《实训教师资格条例》、《改进培训场所法》、《农业职业教育法》等。2005 年对《职业教育法》进行了修订，这对德国双元制职业教育培训的发展产生了极大地推动作用。

《企业基本法》强制规定，在德国的任何一个企业、商会、个体经营者或者工商界的法人单位都必须参加本地相应的行会。行会行使对培训企业的资格审定及运行监督的职责，在行业协会的监督下，企业与学校一起承担职业教育的培训任务。所有培训必须按照法律规定，由企业和学员之间签订合同，将培训的职业、培训的场所、培训的时间（2～3年）、试用的期限（1～4个月）以及试用期后不能解雇的原因等在合同中作出明确规定，合同的执行由商会负责监督。同时，法律对职业培训的经费支出也做出了明确规定，职业学校的经费，由州政府依法提供；企业培训费用则列入成本，并特别规定，其中50%须用于学员的工资、福利和保险等，40%支付教员的费用，10%用于材料消耗等。商会用于职业培训的费用从会员的会费中支出。《农业职业教育法》也制定了诸如畜牧业、农业科技、农业服务等职业岗位培训条例，并对职业岗位的工作职责、工作内容、职业能力等方面做了明确规定。

此外，为提高农民整体素养和农业竞争力，德国通过法律的形式确立职业资格认证制度。想成为一个合格的德国农民，要经过严格的实践劳动锻炼和理论学习过程。这种严格的职业教育制度保证了毕业生的质量。职业资格认证制度的实施有效推动了德国农村职业教育的发展。

法国的农民教育培训的法制建设经历了一系列逐渐完善的过程。19世纪80年代颁布的《费里法案》开始建立免费的职业教育制度，确立了国民教育义务、免费、世俗化三项原则，并将这些原则的贯彻实施予以具体化。规定义务教育年龄（6～13岁）、公立幼儿园及初等教育免费、改宗教课为道德与公民教育课等。1919年《阿斯蒂埃法》颁布，在法国历史上有"技术教育的宪章"之称，第一次明确规定了职业教育强制性和免费性的原则，规定18岁以下的青年必须免费接受职业教育，而经费由国家和雇主各负担一半。1947年提出《郎之万-瓦隆教育改革方案》，虽然在当时的历史条件下没有付诸实施，却成为之后法国职业教育改革的依据。该法案强调了18岁以下青年必须免费接受教育的规定；明确了各行各业的价值平等性，间接提高了职业学校毕业生的社会地位；加强了初等教育和中等教育的衔接，促进了中等职业教育的普及。1971年《技术教育指导法》建立了农业教育培训体系，鼓励农业发展。同年的《继续培训法案》确立了终身教育概念和体系。1972年颁布的《职业继续教育法》规定带薪培训假的问题。1975年《哈比改革法案》明确了职业教育的社会地位，达到使之与普通学业相等同的目标。1977—1981年颁布的《就

业公约》对包括农民在内的青年人就业提供特殊优惠。1984 年修订的
《职业继续教育法》规定国家与企业共同承担利于国计民生的成人（包括
农民）基础教育和职业教育的资金。1989 年的《教育指导法》对职业教
育提出了新的要求，要使同一年龄组的青少年至少达到获得"职业技能合
格证书"或"职业学习合格证书"的水平。

　　20 世纪 90 年代，法国政府越发注重职业教育的社会地位，要求给予
职业教育以相同的社会尊重。1998 年陆续出台了一系列的调查报告，认
为应当提高职业教育的地位，使其与普通和技术教育具有同等的价值。
1999 年为改变职业教育的惨淡经营的现状，提高职业教育的社会地位，
在法国教育部长的倡导下，举办了"职业教育新形象"的电视专题节目，
从而在国内掀起了提高职业教育地位的运动，引起社会各界对职业教育的
关注。同年 7 月出台引导法案，将农业教育作为农业总框架法案的重要组
成部分。

　　21 世纪以来，深受欧盟一体化格局的影响，法国职业教育改革迅猛
发展。2004 年 8 月出台关于地方责任与自由度的法律，为农民培训提供
了政策保障和资金保障，法国的农民教育和农业职业教育不断发展。同
时，新的农业职业教育更加加强职业引导，在教学中强调多学科的学习项
目，增加指导时间和实训时间，突出实践操作的现场性。

　　英国是最早实现农业现代化的国家之一，为加强英国的农民职业教育
与技术培训，政府通过颁布专门法规、设立特定机构和制订详细计划来确
保教育与培训工作的顺利开展。在立法保障方面，英国的特点是根据社会
发展，及时制定和修改相关法律、法规，以支持农民职业教育与技能培
训。1601 年《济贫法案》规定，凡是贫民子弟，不分性别都要接受学徒
培训。1919 年的《史密斯报告》从制度上确认包括农民在内的成人教育
的地位。1924 年的《成人教育章程》申请政府对成人教育课程的经费进
行补助。1947 年《农业法》颁布，强调要扩大农业规模，提高农业生产
率，大力推广农业实用技术。1967 年的《农业法案》确立如何培训农民
的职业知识与技能，建立解决农民就业问题的制度。1981—1995 年颁布
了 5 个与农业职业教育有关的白皮书和政策法规，农业部和地方教育部门
共同负责实施"技术与职业教育计划"，为本国农业职业教育的健康发展
提供了有力保障。1982 年的《农业培训局法》对农民的职业教育与培训

做出规定，1987年又对其进行了修改和补充，从而大大加强了农民的职业教育与技能培训。政府还不定期地针对农民培训工作进行有组织的调查研究，并针对调查中发现的问题及时制定改进措施。英国政府通过建立严格的考核和奖励制度来保证和提高培训的质量和效率，学员经考试合格后，才发给"国家职业资格证书"。英国的农民职业教育与技术培训以农业培训网为主体力量。再辅以高等学校及科研与咨询机构，基本形成了高、中、初三个教育层次相互衔接，学位证、毕业证、技术证等各种教育目标相互配合，正规教育与业余培训相互补充，分工相对明确、层次较为分明的农民职业教育与技术培训体系，基本满足了不同层次人员的需要。目前英国有200多个农业培训中心。每年约有30%的农业劳动者参加各种不同类型的农业培训活动。21世纪初，英国环境食品和农村事务部推出"2000—2006农业发展计划"（ERDP）。农民和农业培训组织者只要符合该计划提出的要求和标准，提出申请并获得批准后，即可从政府获得最多75%的培训经费资助。到2006年，该计划从1 261个申报项目中审批实施了825个项目，财政投入总共2 150万英镑，为农民提供了19 000门培训课程，提供职业培训总天数达156 000日，提供职业资格认证17 000件。这些培训包括了英国农业转型进程中急需的农业技术、商业管理、信息技术、食品加工储存、人力资源管理和环境保护等多个涉农职业。近几年来，为实现国家对农业的宏观调控，发挥规模效益，诱导规模经营，英国又制定了一些法令，鼓励农场向大型化、规模化发展。其中规定，政府对愿意合并的小农场，提供50%的所需费用补贴；对愿意放弃经营农业的小农场主，给予2 000英镑以下的补贴，或准其领取终生养老金；对农业基本建设，如土地改良、田间供排水设施等提供补助；对自然条件较差的山区，也提供一定的补助金。通过以上法案，英国从法律上确立了农民、农业教育的地位和作用，规定了政府及各部门应承担的职责，保证了农民、农业教育的财政拨款，从而使英国农民、农业教育得以顺利发展。这些扶持职业农民的一系列措施，使得英国在不到100年的时间里由农业人口占80%的农场社会，发展到现在农业劳动力仅占就业人数2%，食品自给率达75%，畜产品基本自给。农业生产实现电气化和综合机械化，农业生产效率位居西欧国家前列。

　　为了加快农业现代化建设，日本除了实施土地改革、制定农业政策、调整产业结构、增加农民收入等一系列措施外，还将充实农民职业教育、扶持农业经营骨干力量放到了重要位置。1947年，日本制定的《学校教育法》，旧制农业学校改为新制农业高中，或与普通高中等合并成立"综合高中"，综合高中必须设置"与农业有关的学科"。同年，制定了《农业合作社法》，农协成为农民自愿组成的相互合作、互助共进的群众性组织。与战前农业合作社、互助社等农业组织相比，农协的业务范围明显扩大，除具备传统的农业技术指导、改良、推广等生产领域的业务外，还涉及销售、购买、信贷、协调经营、农产品加工、生产保险等经济业务。1948年，日本颁布了《农业改良助成法》，为日本农业生产和推广事业提供法律依据。同年还设立财团法人农民教育协会，主要负责审查农业改良普及员的考试资格。

近几年，日本又推出相关政策对职业农民进行扶持。2010年，日本在新修改的《粮食、农业、农村基本法》中规定，国家积极扶持农业技术教育，对农业学校进行财政补助。学校除长年有计划地招收培养农业、畜牧、园艺方面的学生外，还免费定期为社会各界志愿学习农业、畜牧、园艺技术的人士提供技术培训和指导实习。由于农民老龄化直接影响农业的生存，2011年日本政府出台扶持职业农民的政策。该项政策规定：45岁以下新增加务农人员，中央财政直接补助150万日元/年，约相当于10万元人民币，连续补助7年。其中两年用于培训，开始务农以后再补助5年。对农业法人雇用青壮年劳动者，中央财政也连续补助两年。

韩国受日本欺凌达36年，之后又遭战争灾难，造成经济发展的严重滞后。20世纪60年代，韩国政府为复苏经济实行计划经济，制定五年计划，在农村施行了"农村新时代计划"，使农业得到了很大发展。随着经济的不断发展，农村出现了劳动力大量减少，特别是农村青年弃农现象，导致了农业萎缩。随着农村人口的下降，农村老龄化问题非常严重。为了保护本国的农业生产，保护本国农民的切身利益，韩国政府通过各种政策手段来维护本国农业和农村经济的发展，1980年制订了《农渔民后继者育成基金法》，该法案规定对农渔民后继者提供援助资金，提供精神教育和技术教育。农渔民后继者培养基金，是用于培养农村基层干部，培养和发掘有务农意愿和能力的农村青少年。农民后继者培养基金，不仅仅是用一定的资金对被选定的农民后继者实施思想、技术、经营、销售、管理和海外研修等教育，也包括对他们的成功事迹进行广泛的宣传，并给予适当奖励，以提高他们的士气，进一步巩固他们的务农思想。1990年4月韩国制订了《农渔民发展特别措施法》。该法案为培养农业后继者和专业农户提供法律保证。并把农渔民后继者培养基金统称为"农渔村发展基金"。90年代后，韩国还颁布了《职业发展法》、《证书基本法》和《韩国职业能力发展机构法》等数部法案，极大地强化了国家对职业教育的干预，使职业教育在政策的导向作用下，朝政府设计的方向发展。2004年韩国还提出了培养能够引领未来农业的年轻人计划。

职业农民扶持政策的国际经验及启示

制定针对性和可操作性强的职业农民扶持政策。纵观发达国家的职业农民扶持政策，可以明显看到，经济发展程度不同的国家在不同的发展阶段制定了不同的职业农民扶持政策。而且，世界各国在制定职业农民扶持政策时充分考虑了可操作性。如美国农业法每五年修订一次，欧盟共同农业政策颁布以来经历了多次修订。目前，我国尚处于发展中国家行列，上述两方面的经验对于我们而言具有重要的借鉴意义：建立我国的职业农民扶持体系、创立职业农民扶持政策必须考虑现阶段国情和国力。不同于前述发达国家，他们是绝大多数非农人口支持极小比例的农业人口；我国目前职业农民数量虽然很少，但也只能是少数非农人口支持职业农民。因而我国职业农民扶持政策的制定，需要借鉴世界各国量力而行、区别对待的经验，以我国现实国情、国力为基础，集中有限资源创设职业农民成长最急需的扶持政策。

目前，我国职业农民扶持政策多以地方性政策为主，缺乏国家层面的扶持政策。而且过往农业政策多以文件、条例形式出现；政策政出多门，缺乏系统性和整体性，甚至相互矛盾，政策应有的效能极大降低。更为严重的是，出台的政策大都只有指导意义，可操作性不强。这方面对我国具有两点启示：一是新型职业农民培育需要建立具有量化规定、容易操作、以法律条文规定的扶持政策，用法律手段支持与保护职业农民，制定并实施相互配合的系统政策。二是职业农民需要实行扶持政策下的项目化管理，解决扶持政策出多门、决策拍脑袋、分散、操作性差等问题。

职业农民扶持政策立法化、项目化。美国、德国、法国、英国等发达国家职业农民扶持政策一般采取立法形式，并且采用项目计划管理，其中以美国农业法体系最为完善。纵观美国各个时期的农业法案，其中详细列出了扶持职业农民的一套完善而又详细的条款。美国政府把各种农业政策规定都形成法律条款，使扶持政策的实施有了法律保障。这些农业法在时间上又有很强的延续性，明确规定各自有效期，不会出现政策真空阶段。与此同时，国外职业农民扶持政策又是以项目（计划）管理，政策具有很强的操作性。各国的职业农民扶持政策往往落实到具体内容、地区及执行机构。可以说，落实农业扶持政策就是落实具体项目。项目的管理公开透明，以2014年美国农业法为例，其中涉及职业农民的扶持政策，包括预算、资金分配、申请程序、实施过程监控等。扶持政策的落实体现到具体内容上，可操作性强，政策效果明显。

构建规范的职业农民扶持政策体系。对于农民数量庞大的发展中国家而言，在我国建立具有竞争力的职业农民扶持体系将会漫长、健康。但世界各国经验表明，构建规范的职业农民扶持体系非常必要，有重要的现实意义。职业农民扶持体系从层次上看可包括职业农民准入制度、职业农民扶持政策、职业农民绩效考评制度等层次。在具体内容上包括以下内容：以土地流转等集聚资源要素为主的农业生产经营扶持政策，以改善农业基础设施条件和为农产品品牌创建及营销体系建设服务为主的建设项目扶持政策，以保障粮食安全和优质农产品供给的产业发展扶持政策，以扩大适度规模和标准化农业生产为主的金融信贷扶持政策，以提高农民综合素质和农业综合集成技术应用推广为主的技术服务支撑扶持政策。通过建立规范的国家制度体系，使职业农民扶持政策体系成为农业支持体系中的一个重要组成部分，培养稳定的职业农民队伍，使其从中受益，并承担农业生产经营的主要任务。

重视职业农民扶持政策的持续性和贴近性。职业农民的培育是一项关系"三农"长远发展的基础性、长期性工作，政策扶持则是建立新型职业农民国家制度的核心内容，是培育新型职业农民的创新举措和根本保障。保持扶持政策的持续性和贴近性，必须坚持职业农民人才技能与综合素质能力提升相结合，必须坚持职业农民人才培养与当地产业发展相结合，必须坚持职业农民人才培养、产业扶持、技术扶持、金融保险扶持、社会保障扶持等政策体系配套组合，因地制宜出台扶持政策，保障职业农民培育的可持续发展，立足国情，面对现实，做好政策设计，循序渐进，逐步落实。

互联网开放资源发展情况及趋势

开放教育资源已从最初的一种理念，丰富发展成为今天可以惠及全世界人们的教育实践，在提高资源质量、改善资源可获取性、推动资源创新应用等方面做出许多有益探索。

2001 年麻省理工学院（MIT）启动了"开放课件计划"（Open Courseware，OCW），旨在依托互联网为学习者、研究人员和非商业性机构免费提供麻省理工学院全部的电子课程资源。秉承其"自由、开放、共享"的理念，开放教育资源（Open Education Resources，OERs）运动在世界范围内逐步形成。2002 年联合国教科文组织（UNESCO）首次提出"开放教育资源"概念，以后几年中，开放教育资源的概念和内涵随着实践不断得以完善。目前，比较公认的定义为"开放教育资源是指通过 Internet 免费、公开提供给教育者、学生、自学者可反复使用于教学、学习和研究的高质量的数字化材料"。除却开放课件外，开放教育资源还包括开放的教科书、流媒体、测试工具、软件以及其他用于支持获取知识的工具、材料和技术。无论是内容资源还是技术资源，都已有效运用到具体实践之中。

2006 年 9 月，第 22 届国际开放与远程教育理事会（ICDE）世界大会宣布启动开放教育资源工作。在联合国教科文组织和休利特基金会（William and Flora Hewlett Foundation）的支持和推动下，ICDE 成立了全球开放教育资源工作组，组长由荷兰开放大学校长弗莱德·穆德担任，成员包括世界各地远程教育组织和开放大学决策者的代表。开放教育资源工作组以自主学习者为中心，对开放教育资源获取、知识产权处理、学习内容的国际化与本土化、开放教育资源与传统教育的对接以及在发展中国家应用的潜力等相关问题进行研究。2007 年 6 月在 ICDE 校长联席会议（SCOP）上做了相关报告，为全球高等教育/远程教育机构组织提供政策方面的指导和实践方面的建议。

2006 年，由休利特基金会资助的欧洲开放教育资源三大计划掀起了开放教育资源运动的新浪潮。

英国开放大学"开放学习"项目（Open Learn）。2006 年，英国开放大学启动实施 Open Learn 项目，成为英国乃至欧洲远程教育领域第一个参与开放教育资源的实践者。该项目课程规模较大，基础和重点放在技术、非正规协作学习、社区的研究和评价方面。一是在共享资源中嵌入教学活动设计，共享完整的网络课程（包括学习资源和学习活动）；二是为教与学提供实时交互、共享学习经历的工具支持，培养在线自主与协作学习能力。

荷兰开放大学"开放教育资源"项目（OpenER）。该项目的重要尝试在于将开放教育资源应用与学历相衔接，明确采用双轨制，通过独立自主学习的非正式教育可获取与学历教育相同的学习资源，如果通过正规考试还可以获得相应的文凭。降低了现有门槛，使高等教育入学更容易，更具吸引力。

欧洲远程教育大学协会的"服务于自主学习的多语言开放教育资源"计划（MORIL）。该计划由荷兰开放大学发起并主持领导工作，是一个多语种计划，由 9 个欧洲国家的 10 所终身开放与灵活学习型大学组成的联盟共同运作。它有两个重要目标：一是促进虚拟跨国学习体验以及学习资料的翻译和所谓的本土化；二是不同国家教育体系内课程的互相承认。该计划的实施对提升欧洲高等教育普及率、促进多种语言和文化多样性的发展以及各个国家教育体系在互相承认方面产生了积极的影响。

▶ 小知识：美国传统大学在开放教育资源运动中的探索

麻省理工学院开放课件项目。MIT"开放课件计划"是开放教育资源领域的首倡者和成功者。在 2007 年 11 月，项目提前完成计划，发布数量达 1800 门课程的资源之后，又提出了后续发展规划。一方面将保持项目的核心特色，改进项目网站，更新课程资源，对已发布资源进行索引和分类以便于检索和使用；另一方面还将大力推动 2007 年启动的"Highlights for High School"项目，资源的建设与共享从高等教育扩展到基础教育领域，将经过选择的优质资源向高中教师和学生免费开放。

卡耐基梅隆大学与社区学院的合作计划（CC-OLI）模式。该计划采用卡耐基梅隆大学与美国各地的社区学院合作的方式，以社区大学的大学新生为课程的目标用户，结合学习科学技术的最新研究来创设、评估和不断改进虚拟学习环境，给教师最好的支持，加快学生的学业进展。其最大特点是利用虚拟仿真实验室和教程等工具，不断持续对学生的学习进行及时反馈。学生的学习可以一步一步被跟踪，而这些信息同时可以用于改进该课程的设计开发工作。

"维基学院"（Wikiversity）项目的启动

2006 年 8 月，维基网站启动了"维基学院"项目。其主要目的有两点：一是为全球所有年龄段的人群创建和存放免费的内容、多媒体学习材料、资源及课程；二是开发协作学习项目并围绕学习材料开展交流活动。学习者和教师被邀请作为维基网站的编辑者加入维基学院，在这里任何人都可以编辑网页。很多维基学院的信息链接在社区入口处，参加者可以通过多种媒体，如讨论室、邮件、网络聊天等方式进行交流。

来源：根据相关资料整理。

开放教育资源运动在很短的时间内就进入我国，在教育部门的大力推动、支持下，取得了很好的效果，形成了具有中国特色的教育资源开放共享实践模式。归纳起来，大致可分为三个方面。

精品课程建设项目。2003 年 4 月，教育部正式启动精品课程建设项目。该项目以量大面广的基础课程和专业课程为重点，建设包括各学科、各专业的校、省、国家三级精品课程体系，促进全国范围内优质教学资源的整合与共享。课程网站除共享课程资源外，还提供多种形式的交流渠道，如教师的联系方式（电话、邮箱、博客等）、课程论坛、讨论区、在线调查等。

中国开放式教育资源共享协会（China Open Resources for Education，CORE）的公开课。为推动中国与国外高校、教育机构在开放教育资源运动中的联系沟通和紧密合作，2003 年 10 月教育部批准成立 CORE。该协会是一个以部分中国大学及全国省级广播电视大学为成员的联合体，目前已翻译 204 门课程资源。不仅将世界知名大学开放课程资源本土化，还将中国精品课程项目翻译为英文开放课程。自 2006 年以来已翻译了 12 门精品课程，把中国高质量的教育资源介绍给世界，从而促进中国教育的国际化。目前，CORE已经在国内建立麻省理工学院开放课件（MIT OCW）镜像网站，免费提供给中国高校使用。

以网易为代表的网站推出的世界名校公开课。2010年，网易首批1 200集课程上线，其中有200多集配有中文字幕，包括人人影视（YYeTs）课程翻译组等非盈利组织和爱好者翻译的国外开放式课程视频。用户可以在线免费观看来自于哈佛、耶鲁大学等世界级名校的公开课课程。目前除网易外，新浪、搜狐、腾讯也在使用世界名校的开放教育资源。有了这些网络组织和翻译爱好者，开放教育资源的语言障碍得以消除，给予中国公众走近国际大师的机会。

随着开放教育资源运动在全球范围内的广泛开展，如何在远程教育中使用这些宝贵资源也迅速成为当前教育领域的研究热点。尽管各个国家、各大教育机构的实践项目各有千秋，但面临的挑战却具有共性。

如何应对学习者结构的变化。资料显示，越来越多的妇女和老人接受继续教育正成为国际上的一个重要趋势。因社会背景、经济背景、教育背景的不同，学习者的构成也呈现多样化态势。学习者结构的变化对知识经济和开放远程教育机构的运作会产生什么样的影响？是否会产生多层次的远程教育体系，比如，面向特定群体的高质量品牌化教育产品，或者面向大众的一般性教育产品。

怎样选择日益增多的机构模式。随着信息技术的不断发展，催生了不同模式的教育机构。面对单一模式的虚拟大学、兼顾远程及面授双重模式的教育机构和已经开展或准备开展远程教育的传统院校，学习者该如何选择，这种选择对当地教育机构的发展有何影响？对政府投资远程教育又会产生何种影响？

师生交互性如何增强。目前的开放教育中，师生之间缺乏足够的沟通与互动。有统计显示，70%的学生表示自己在学习中感到很孤独，希望能和老师或其他同学交流。研究表明，网络潜在的优势并不能自动实现，简单地要求学生参与网络教学活动并不能直接导致有效的网络教学效果，要由教师主导并采取一定措施鼓励学生积极参与学习活动。

掌握教学资源信息化的人才匮乏。对于学生而言，网络技术的使用在选择学习方法方面提供了灵活性。但是，技术辅助学习的过程需要学生熟练掌握现有技术，这对普通学习者来说是更高层次的要求。对于远程教育从业者来说，把新技术应用到教学计划中，有效地发挥教学资源的作用，也是一个挑战。

开放教育资源运动经过十多年的蓬勃发展，尽管面临很多挑战，但凭借其开放的理念、技术和合作平台，仍有很多可以不断拓展的新空间。

Web2.0 推动的学习模式的变革。Web2.0 作为新一类互联网应用技术，更注重用户的交互作用，用户既是网站内容的浏览者，也是网站内容的制造者，在模式上由单纯的"读"向"写"以及"共同建设"发展，扩展了教学、交流学习和创造知识的方式，使学习成为一种积极参与的社会化过程。针对 Web 2.0 的扩展和革新，Web 3.0 被认为肩负着发扬 2.0 的精神，并冲破当前 Web 2.0 所面临的障碍。关于如何定义 Web 3.0，目前还没有一个权威的定论。但智能化应用成为一个主要潮流。教育场景的智能化探索也将成为职业农民教育的一个新潮流。目前，一些大型互联网公司和教育机构已经尝试教育场景智能化的应用。比如，基于人脸识别技术可以生成一个辅助教学系统，记录每个在电脑前上课学员的听课、发言状态；基于语音识别技术的智能系统可以提高学习互动性，实现人机问答。

▶ **小知识：Web2.0 与 Web3.0**

Web 2.0，指的是一个利用万维网（Web）的平台，由用户主导而生成内容的互联网产品模式，为了区别传统由网站雇员主导生成的内容而定义为 Web2.0。

Web 2.0 不是一个技术的标准，是一种新的互联网方式，通过网络应用（Web Applications）促进网络上人与人间的信息交换和协同合作，其模式更加以用户为中心。

Web 2.0 是网络运用的新时代，网络成为了新的平台，内容因为每位用户的参与而产生，参与所产生的个性化内容，借由人与人（P2P）的分享（Share），形成了现在 Web 2.0 的世界。典型的 Web 2.0 站点有：网络社区、网络应用程序、社交网站、博客、Wiki 等。

Web 3.0 的定义延伸至当前各大技术潮流是其迈向新的成熟阶段的具体体现，当前，对于 Web 3.0 尚无完整明确的定义，但是 Web 3.0 的发展基于移动通信设备的快速发展和更加开放的技术协议。普遍认为，智能化应用是 Web 3.0 的主要趋势，如机器学习，机器推理等。

来源：根据网络资料整理。

2019 年 1 月初，中国科协、农业农村部印发《乡村振兴农民科学素质提升行动实施方案（2019—2022 年）》的通知，就提升农民科普信息化服务水平提出具体要求。

> ▶ **小知识：农民科普信息化服务水平四方面要求**
>
> 一是强化科普中国落地应用。联合有关部门，充分利用"科普中国"优质资源，开展科普中国乡村 e 站建设转型升级，通过队伍共建、资源共享的方式强化科普中国信息员队伍建设，传播分享优质科普内容。到 2022 年，完成科普中国在所有县域的落地应用。
>
> 二是充分发挥手机"新农具"科普效用。充分利用移动互联网与农民培训的跨界融合，建设完善科普中国 APP、云上智农 APP 等手机移动端传播体系，利用好全国农民手机应用技能培训周等平台，采取线上线下相结合的形式在全国范围开展农民手机技能培训，提升农民利用手机发展生产、便利生活、增收致富的能力。
>
> 三是建设智慧农民网络平台。全面整合中国科协和农业农村部的优质科普资源，以农业生产、医疗健康、生态环保等与农民切身相关的热点为主题，不断生产汇聚优质科普信息化资源，结合线下职业农民培训探索开展农民网络课堂学习。到 2022 年，实现浏览量累计超过 3 000 万人次。
>
> 四是开展农民科学素质网络知识竞赛。联合有关部门，通过知识竞赛、有奖竞答、原创作品征集等方式开展农民网络知识竞答活动，增加农民学习科学知识渠道。到 2022 年，实现通过线上线下参与竞赛的人数累计超过 2 000 万人次。
>
> 来源：《乡村振兴农民科学素质提升行动实施方案（2019—2022 年）》。

开放是应对变革的有效路径。开放教育资源虽已在实践领域得到快速发展，而面对信息技术和学习理念的不断更新，却也时刻面临着挑战。不断拓展学习和服务的空间，加大开放的深度和广度，是开放教育资源应对变革、持续发展的有效路径，也必将在推动知识和信息生产、传播和应用以及推动新技术和教育结合、实现教学和学习模式创新等方面起到不可替代的作用。

　　服务于终身教育是发展方向。服务和面向终身教育和全民学习，是开放教育资源实践的另一个重要维度。在开放教育资源的发展和实践探索中，我们看到了推动终身学习、全民学习的曙光。英国开放大学的开放学习项目、中央广播电视大学牵头实施的国家远程教育资源库项目、上海远程教育集团承担的上海教育资源库项目等均是大规模的、面向终身学习的、整合了远程教育特色与优质资源的建设实践项目，走在了基于规模的优质网络教育资源建设和应用的前列。

第六章 农机智能化与网络安全

农业机械化和农机装备智能化是转变农业发展方式，提高农业生产力的重要基础，是实施乡村振兴战略的重要支撑。自 2004 年国家实施农机购置补贴政策以来，我国农业机械化快速发展，农机企业年产值连续多年稳居世界农机产值第一位。农业机械市场在产值和销售额上取得了前所未有的成绩，但农业机械以偏重数量的粗放式增长和大众化的中低端产品为主。在市场投放上，我国农业机械使用多以平原为主。平原地区农业机械化率几乎达到了 100% 的水平，而机械化成本较高的丘陵和山区，农业市场化程度远低于平原地区。对于各种细分领域，需求量少的小型农机的发展远远滞后于各类大型农机。与当前全球领先的跨国农机企业相比，还有较大的差距。

网络安全是农机智能化前提

传统农业机械调度使用有着多方面的不足。如农机供需信息难匹配，种植户寻找作业机具主要是作业季节临时、就近、现找，难以了解到更多农机服务组织和机手信息，而农机服务组织或农机大户往往缺乏外乡镇、区县作业信息，不敢外出作业。由于各自分别对机具信息和机具需求信息了解不够充分，造成供需信息不对称，有机具的找不到更多作业需求，需要作业的农户不能及时找到作业质量好、价格公道的作业机手，缺少供需信息汇集、匹配平台，使得农机供需信息匹配难度较大，不利于农机资源的有效利用。农机调度手段不足。缺少科学先进的信息化管理手段，农机服务组织不能对机手的作业量、作业质量、作业进度、作业面积以及违规作业等进行实时、准确、直观掌控，造成服务组织统一监管力度不足。不能及时直观地掌握机具分布的准确位置，不能对服务组织大量的人、机具和作业地块进行合理匹配和指挥调度，所以只能依靠电话和现场人工引导的方式进行调度，很难精准调度农机具到地块，造成行进路线的重复和资源、时间以及人、农机具等各种要素的闲置浪费，影响整体收益。对于政府来说，由于缺乏先进手段和及时数据支撑，不利于领导掌握宏观情况和做出宏观决策。农机资源科学布局缺少数据支撑。各类补贴机具作业效率发挥的科学、准确评估缺少数据支撑，不利于根据各区域农业产业发展和区域性农机资源现实利用情况，及时调整农机资源，尤其是补贴机具的种类和补贴区域。

　　智慧农具的出现极大地改变了农业作业的现状。随着我国在人工智能上的不断突破，在土地流转中规模性农业渐成趋势，有很多过去的小块农田变成了大片农田，智慧机械作业优势越发明显。但农业机器人应用路漫漫。相对国际发展程度而言，我国农业机器人发展较晚尚处于起步阶段，在研发水平和应用程度上仍落后于先进国家，具体表现在投资少、应用难、发展慢、技术差距大等方面。农业机器人由于前期研发投入较大，制造成本高，而我国技术上又存在不足，相应的就导致了高昂的产品价格。此外，受农产品季节性影响，农业机器人的利用率也大打折扣，使用成本和闲置时的维护成本也不低。高价格和高成本一叠加让国内农民望而却步。在农民方面，我国农民较为传统和保守，对新技术、新产品和新生产方式的接受度较为迟缓和固化。两方面的特殊国情因素导致我国农业机器人发展遇阻。未来技术发展的重点主要集中在三个方面：一是提高环境识别和适应能力，以此来预知和应对作业环境的多变性与复杂性；二是增强柔性作业能力，以此来应对因对象过于娇嫩而引发的各种作业难题；三是添加高可靠性、操作便捷性和人机交互性，以此来适应农业人口老龄化现象不断加剧的情况，顺带提升农民的认可度。

　　国务院于2018年12月印发《国务院关于加快推进农业机械化和农机装备产业转型升级的指导意见》，提出我国农机发展的目标和加快农机高质量发展的具体措施。

▶ 小知识：我国农机发展两个阶段的目标

到 2020 年，农机装备产业科技创新能力持续提升，主要经济作物薄弱环节"无机可用"问题基本解决。全国农机总动力超过 10 亿千瓦，其中灌排机械动力达到 1.2 亿千瓦，农机具配置结构进一步优化，农机作业条件加快改善，农机社会化服务领域加快拓展，农机使用效率进一步提升。全国农作物耕种收综合机械化率达到 70%，小麦、水稻、玉米等主要粮食作物基本实现生产全程机械化，棉油糖、果菜茶等大宗经济作物全程机械化生产体系基本建立，设施农业、畜牧养殖、水产养殖和农产品初加工机械化取得明显进展。

到 2025 年，农机装备品类基本齐全，重点农机产品和关键零部件实现协同发展，产品质量可靠性达到国际先进水平，产品和技术供给基本满足需要，农机装备产业迈入高质量发展阶段。全国农机总动力稳定在 11 亿千瓦左右，其中灌排机械动力达到 1.3 亿千瓦，农机具配置结构趋于合理，农机作业条件显著改善，覆盖农业产前产中产后的农机社会化服务体系基本建立，农机使用效率显著提升，农业机械化进入全程全面高质高效发展时期。全国农作物耕种收综合机械化率达到 75%，粮棉油糖主产县（市、区）基本实现农业机械化，丘陵山区县（市、区）农作物耕种收综合机械化率达到 55%。薄弱环节机械化全面突破，其中马铃薯种植、收获机械化率均达到 45%，棉花收获机械化率达到 60%，花生种植、收获机械化率分别达到 65% 和 55%，油菜种植、收获机械化率分别达到 50% 和 65%，甘蔗收获机械化率达到 30%，设施农业、畜牧养殖、水产养殖和农产品初加工机械化率总体达到 50% 左右。

来源：《国务院关于加快推进农业机械化和农机装备产业转型升级的指导意见》。

就加快推动农机装备产业高质量发展的措施中，提出推动智慧农业示范应用。促进物联网、大数据、移动互联网、智能控制、卫星定位等信息技术在农机装备和农机作业上的应用。编制高端农机装备技术路线图，引导智能高效农机装备加快发展。支持优势企业对接重点用户，形成研发生产与推广应用相互促进机制，实现智能化、绿色化、服务化转型。建设大田作物精准耕作、智慧养殖、园艺作物智能化生产等数字农业示范基地，推进智能农机与智慧农业、云农场建设等融合发展。推进"互联网＋农机作业"，加快推广应用农机作业监测、维修诊断、远程调度等信息化服务平台，实现数据信息互联共享，提高农机作业质量与效率。

特别提到加强农机装备质量可靠性建设。加快精准农业、智能农机、绿色农机等标准制定，构建现代农机装备标准体系。加强农机装备产业计量测试技术研究，支撑农机装备产业技术创新。建立健全农机装备检验检测认证体系，支持农机装备产业重点地区建立检验检测认证公共服务平台，提升面向农机装备零部件和整机的安全性、环境适应性、设备可靠性以及可维修性等试验测试和鉴定能力。对涉及人身安全的产品依法实施强制性产品认证，大力推动农机装备产品自愿性认证，推进农机购置补贴机具资质采信农机产品认证结果。加强农机产品质量监管，强化企业质量主体责任，对重点产品实施行业规范管理。督促农机装备行业大力开展诚信自律行动和质量提升行动，强化知识产权保护，加大对质量违法和假冒品牌行为的打击和惩处力度，开展增品种、提品质、创品牌"三品"专项行动。

实际上，在乡村振兴战略规划中，智慧农业与网络安全就被紧密地联系了起来。规划中指出，要不断提升我国农业装备水平，推进我国农机装备和农业机械化转型升级，加快高端农机装备和丘陵山区、果菜茶生产、畜禽水产养殖等农机装备的生产研发、推广应用，提升渔业船舶装备水平。促进农机农艺融合，积极推进农作物品种、栽培技术和机械装备集成配套，加快主要作物生产全程机械化，提高农机装备智能化水平。大力发展数字农业，实施智慧农业工程和"互联网＋"现代农业行动。同时，规划特别强调，在夯实乡村信息化基础设施建设过程中，要同步规划、同步建设、同步实施网络安全工作。

互联网＋精准农业是未来我国农业现代化发展的重要内容。一般而言，互联网＋精准农业主要是指分步实现智能控制的功能，比如精准的灌溉，区段控制、变量施肥，播种播成非常完美的 V 字形状都是靠变量控制能力实现的。在实现互联网助力于精准农业发展的前提下，该领域也面临着日益扩大的网络威胁——不仅来自数据窃贼，还可能来自设备破坏者和市场操纵者。精准农业面临的安全威胁范围很广，从简单的数据窃取到市场操纵、设备破坏，甚至是国家安全问题，这些均需要我们加以提前研究并予以防范。

近年来，互联网已成为核心基础设施，是重要战略资源。网络空间安全逐渐成为普遍议题。鉴于网络安全在网络空间中的重大战略和现实意义，不同国家根据自身对网络发展和管理的理念、目标、原则、举措等方面的侧重点，对网络安全提出了自己的核心概念、战略目标等。美国、欧盟等根据发展战略不同侧重突出不同的网络空间组成要素，即传输设备、交换设备、路由器等其他相关资源；德、法、日等国家侧重强调网络空间与客观实在物理空间相对的虚拟性；俄罗斯、英国等国家不仅关注作为硬件的信息系统，更看重网络本身信息传播。

在我国的网络空间治理体系中，网络安全，包含网络设备安全、网络信息安全、网络软件安全。是指网络系统的硬件、软件及其系统中的数据受到保护，不因偶然的或者恶意的原因而遭受到破坏、更改、泄露，系统连续可靠正常地运行，网络服务不中断的状态。同时在网络安全状态下，网络空间中的信息生产和传播应该具备机密性、完整性和可用性。黑客通过基于网络的入侵来达到窃取敏感信息的目的，造成网络企业无法正常营运，网络安全就是为了防范这种信息盗窃和商业竞争攻击所采取的措施。立足于我国总体国家安全观，从宏观国家治理层面看，网络信息安全应该包括在网络空间中国家主权不容侵犯、关键信息基础设施免于威胁、防治网络空间意识形态渗透和颠覆性破坏、确保社会发展稳定等；从微观信息技术层面看，网络信息安全应该包括网络系统安全、网络系统信息安全、网络信息传播安全以及网络信息内容安全。

目前，网络信息安全领域呈现出基础性、整体性和对抗性的特征。首先，网络已经渗透生长为一切政治、经济、文化和社会活动的基础平台和神经中枢，是全球范围内的关键性基础设施。网络信息安全作为整体安全的核心组织内容和关键要素，网络信息安全毫无疑问已成为全社会安全的基础。

其次，因之建立在广泛的基础之上，网络信息安全还表现出整体性特征，这是由网络的多要素、扁平化构成特征决定的。按照"木桶理论"的描述，整体网络信息安全中最薄弱的环节决定了整个网络信息安全程度，其中任何一个环节、节点都起到同等重要的作用，缺一不可。更为重要的是，当前世界各主要国家都已经意识到网络信息安全的战略核心地位，相关战略部署密集出台，实施力度空前强大。

再次，"网络安全的本质在对抗，对抗的本质在攻防两端能力较量。"网络信息技术飞快发展的迭代速度，使网络安全没有一劳永逸，只有魔高一尺，道高一丈的对抗升级。在网络信息安全的强对抗属性下没有"绝对安全"，任何"暂时安全"、"相对安全"都可能转化为未来的"不安全"。

作为一个完全被人为创造出的并且彻底改变人类发展进程的空间体系，社会网络的存在和影响是空前的。网络最初的几项功能之一就是在线通信及信息分享，社交网络更是将充分展现出社会网络的强大动能，现在更快速、更全面的互联互通依旧是网络发展的趋势所在。如今，社会网络不仅指包括网络空间内部的沟通与联结，更包括打破网络自身界限线上线下的充分互动以及打破人与物界限的万物互联。

基于对网络安全的深刻认识，我国也将网络安全上升至国家安全的高度。习近平总书记在中央网络安全和信息化领导小组第一次会议上指出，"没有网络安全就没有国家安全，没有信息化就没有现代化。建设网络强国，要有自己的技术，有过硬的技术。"中央国家安全委员会已将信息安全列入总体国家安全观的核心内容；新《国家安全法》更是以法律的形式明确了"维护国家网络空间主权"。可见，做好网络信息安全工作对于维护国家安全、促进经济发展、保障社会稳定具有重要的战略意义。

当前，物联网设备的大规模部署已经走入包括农业在内的诸多经济生产领域，就在物联网加速融入人们的生产生活同时，当前不少物联网设备生产厂商侧重追求新功能，对安全重视严重不足，物联网发展的规模和范围导致了安全风险的迅速升级，据 GSMA 公布的数据，预测在 2025 年全球物联网设备（包括蜂窝及非蜂窝）联网数量将达到 252 亿，远高于 2017 年的 63 亿。在预测期内，市场规模将几乎是原来的四倍。工业物联网设备联网数量将在 2023 年超过消费物联网设备联网数量，在 2016—2025 年之间工业物联网连接量将从 24 亿增加到 138 亿。最新的 Gartner 调查数据发现，近 20%的组织在过去三年内遭受到至少一次基于物联网的攻击。为了防范这些威胁，Gartner 预测全球物联网安全支出将在 2018 年达到 15 亿美元，比 2017 年的 12 亿美元增长 28%，预计 2021 年物联网安全支出将达到 31 亿美元。

当成千上万的物联网设备已经控制了实体的基础设施，物联网的风险将不断累积，一旦发生安全事件，代价都会很高，因此，紧密跟踪技术发展前沿，打造适应经济社会需求的网络安全生态至关重要。

农机智能化的潜在风险

由于互联网技术在农业领域的大规模使用和大量智能化农业设备的出现，农业也不可避免地成为像交通、金融、电力等行业一样，受到网络安全威胁的重要领域之一。早在几年之前，美国孟山都公司因为农业转基因作物而饱受争议，再加之，转基因作物严重冲击了天然农作物及相应的除草剂市场，匿名黑客组织发起一场"反孟山都"运动，并把对这家农业科技公司的不满延伸到了美国农业部，黑客组织公布了美国农业部门职员及其合作伙伴的信息，包括他们的全名、邮箱地址、所属机构名字及地址、邮编号码、传真号、电话号码等。

基于智慧农业安全领域存在的风险不断扩大，美国国土安全部于2018 年底发布一份名为《精准农业面临的威胁》（Threats to Precision Agriculture）的报告。该报告警告，当下的农业行业随着时代发展，也开始采用新兴技术，被称为精准农业的新技术包括物联网（IoT）设备，如遥感器和全球定位系统（GPS）以及支持它们的通信网络。这些设备产生大量的数据，然后通过机器学习系统进行分析，以提高作物产量和监测牲畜的健康。这种快速发展的数字革命的一个后果是，农业部门越来越容易受到网络和其他攻击的影响，农业行业正面临着网络安全风险。

这份报告指出，依靠遥感、全球定位系统和通信系统来生成大数据、进行数据分析和机器学习。互联新技术在农业和畜牧业多个方面如化肥、种子和农药等发挥着越来越多的作用，使农业生产成本不断降低，产量得以提高。但是，在作物和畜牧领域采用先进的精准农业技术和农场信息管理系统，给这个以前高度机械化的行业带来了新的漏洞。由于受制于文化水平、技术条件及成本考虑，一线的农业生产者往往没有充分了解精确农业的潜在威胁，也没有对其进行认真对待。精准农业面临着与其他行业一样的网络安全威胁，通常黑客的恶意行为也是相同的：数据窃取、资源窃取、财产窃取等。鱼叉式网络钓鱼和其他恶意网络攻击是攻击的有效入侵方式。

▶ 小知识："钓鱼式攻击"与"鱼叉式网络钓鱼"

钓鱼式攻击（Phishing，源自 Phone＋Fishing，与英语 fishing 发音一样；又名网钓法或网络网钓）是一种企图从电子通信中，透过伪装成信誉较好的法人媒体以获得如用户名、密码和信用卡明细等个人敏感信息的犯罪诈骗过程。这些通信都声称自己来自于社交网站、网络银行、电子支付网站等，以此来诱骗受害人的轻信。网钓通常是透过 e‐mail 或者即时通信的方式进行。它常常导引用户到 URL 与接口外观与真正网站相仿的假冒网站输入个人数据。就算使用强式加密的 SSL 服务器认证，要发现网站是否仿冒实际上仍很困难。网钓是一种利用社会工程技术来愚弄用户的实例。它凭借的是现行网络安全技术的低亲和度。

鱼叉式网络钓鱼指只针对特定目标进行攻击的网络钓鱼攻击。当进行攻击的黑客锁定目标后，会以电子邮件的方式，假冒该公司或组织的名义寄发难以辨真伪的档案，诱使员工进一步登录其账号密码，使攻击者可以借机安装特洛伊木马或其他间谍软件，窃取机密；或在员工时常浏览的网页中置入病毒自动下载器，并持续更新受感染系统内的变种病毒，由于鱼叉式网络钓鱼锁定之对象并非一般个人，而是特定公司、组织之成员，故受窃的信息已非一般网络钓鱼所窃取的个人资料，而是一些敏感度较高的信息，如知识产权及商业机密。

来源：根据相关资料整理。

黑客可能威胁到精准农业系统机密性、完整性和可用的任何一个方面。我们在其他领域积累的网络安全防护技术对于农业来说一样有效。但在《精准农业面临的威胁》的报告中，美国相关部门认为，精准农业是一个高度机械化的劳动密集型产业，独一无二的行业特点极大地增加了威胁行为者可利用的攻击空间。因此，常见的威胁可能对农业产生独特和深远的影响。并把互联网对精准农业的网络安全威胁概括为以下几方面：

对机密性的威胁。在实施精准农业时，数据隐私是最受关注的问题。农民非常注重保护他们的信息，如产量数据、土地价格和畜群健康。数据的丢失或滥用会对农民的经济和情感造成巨大的影响，设备和软件制造商也可能面临声誉损失。主要威胁有：一是故意发布行业内的机密信息。如从供应商处获取的信息，以损害公司或造成混乱。与2014年索尼网络攻击事件一样，从供应商处公开发布机密定价和农民市场数据等信息，可能会对供应商造成灾难性的影响，因为这会破坏信任，造成客户流失，这是对机密性标准影响最大的威胁。二是窃取无人机系统数据。在精准农业市场上，主要的无人机系统设备制造商是由外国开发的系统所主导的，如果外国政府能够从无人机系统提供商那里获得传感器收集，可能会引发国家安全问题。外国政府能够汇总有关重要农业信息，或识别和形象化关键的基础设施也是一个潜在的威胁。三是窃取机密农业数据并出售。机密数据可能被用于打击大宗商品市场上的农民。黑客可能获取到农业机密数据，并将数据私下出售给大宗商品经纪商或对冲基金。

▶ 小知识：猖獗的数据泄露问题

在大数据时代，"数据"是重要的战略资源，也有巨大的经济价值，目前，农业领域尚未有大规模的数据泄露问题，但在一些大数据应用比较成熟的领域，猖獗的数据泄露值得我们高度警惕。2018年发生的这三个案例都对公司股价或行业信誉产生了较大负面影响。

Facebook 8 700万用户数据泄露。2018年3月，Facebook被曝出8 700多万用户数据泄露。据报道是一家服务特朗普竞选团队的数据分析公司Cambridge Analytica获得了Facebook用户的数据，随后这些数据被非法利用发送政治广告。此次事件也被视为Facebook有史以来遭遇的最大型数据泄露事件。而后Facebook创始人马克·扎克伯格公开进行道歉。而受此事件的影响，Facebook的市值也因此大幅下跌。

安德玛1.5亿用户数据泄露。2018年3月末，美国运动品牌Under Armour（安德玛）表示，其旗下健身应用MyFitnessPal因存在数据漏洞而遭到黑客攻击，造成超过1.5亿用户的数据外泄。泄露的数据包括用户的用户名、电子邮件地址和密码等信息，此外官方强调，泄密数据不包含驾驶证号、信用卡号、身份信息等更私密信息。

华住集团5亿用户数据泄露。2018年8月，根据暗网中文网帖子显示，华住旗下所有酒店的数据被公开售卖，包括汉庭酒店、美爵、禧玥、漫心、诺富特、美居、CitiGo、桔子、全季、星程、宜必思、怡莱、海友等多家酒店。所泄露数据达 5 亿条，包括华住官网的注册姓名、手机号、邮箱、身份证号、登录密码等资料信息，共 53G，大约 1.23 亿条记录；此外还包括有住户在酒店入住时的登记身份信息（包括姓名、身份证号、家庭住址、生日、内部 ID 号等信息），共计 22.3G，大约 1.3 亿人身份证信息；最后还包含有酒店的开房记录（包括内部 id 号，同房间关联号、姓名、卡号、手机号、邮箱、入住时间、离开时间、酒店 id 号、房间号、消费金额等信息），共 66.2G，大约 2.4 亿条记录。

来源：根据网络资料整理。

对完整性的威胁。随着在农作物和畜牧业中建立大量传感器网，精准农业已经积极进入"智能农业"领域。数据收集和利用是一个有价值的工具，有助于实时的农业和畜牧业决策。随着精准农业越来越多地采用设备自动化、机器人技术、机器学习和边缘计算，对数据完整性的威胁正以农业领域从未考虑过的方式显现出来。一是故意伪造数据以扰乱农作物或畜牧业。我们知道，如果在国内牲畜群中存在一种致命的动物疾病，将可能导致大规模的经济破坏、复杂的外贸问题，并对粮食安全产生实际影响。通过实验室和实地工作确认和控制牲畜疾病暴发可能需要大量时间和资源。在口蹄疫等家畜疾病爆发之前或期间，一个恶意行为者公开发布虚假数据，模仿实际的农场数据，可能需要几个月的时间才能消除谣言所带来的负面影响，甚至无法消除。同样的情况也适用被指控有作物病害的作物，或被限制的转基因产品不当混入到食品供应链中。二是将流氓数据引入传感器网络，破坏农作物或畜群。在蔬菜、水果和坚果等价值最高的农作物领域，智能传感器的实施最为深入。这些传感器通常通过蜂窝网络、蓝牙或 WiFi 网络连接。如果在这些网络中引入流氓数据，将导致作物浇水不足或过度浇灌等问题，从而破坏作物。同样的场景也适用于为管理牲畜群而建造的"智能"农场建筑，损坏的传感器会破坏暖通空调系统，例如在自动化的牲畜仓库中，可能会对牲畜健康造成不利影响或动物损失。三是没有充分审查机器学习建模。机器学习技术正开始在作物和畜牧业的先进精准农业应用中进行测试和部署，而如果将异常数据以及数据中固有的偏差放置到预测模型中，将会产生意想不到的负面影响。这是一种正在演变的、并逐步显现的威胁，其后果才刚刚开始形成，但项目评估的这种威胁将随着时间的推移而变得越来越重要。

对可用性的威胁。农业和畜牧业的运作严重依赖于设备。主要的农业设备是一个系统体系，依赖于复杂的嵌入式工具以及一套复杂的通信和引导系统。网络相关问题和自然灾害都会对设备可用性构成威胁。一是对授时设备的威胁。每种作物，有非常狭窄和精确的时间窗口用于种植和收割，此时设备必须工作。在这些关键时间窗口让设备不能正常工作，可能会妨碍在最佳种植窗口期间种植，或延迟收割导致作物质量下降。如果恶意行为者能识别出一个设备中的漏洞，并同时破坏成千上万的机器，或者在错误的时刻发布了设计不当的补丁，导致大量设备被锁定，则可能对食品安全产生影响并且对设备制造商造成严重的声誉损失。这是可用性标准中影响最大的威胁。二是对基于定位、导航系统的破坏。目前，信号频谱变得越来越拥挤。在美国，全球定位系统（GPS）信号附近的受保护频谱正在释放，以便5G宽带使用，这可能导致GPS信号中断，这种情况在我国一样存在。在危机或冲突期间，相关信号频谱可能会被拒绝进入，从而限制了充分利用精准农业设备的能力。这是一个跨领域的威胁，各行各业均可能面对，但它被认为是成功的精准农业应用程序的一种核心竞争力，因此其具有很高的潜在影响。三是通信网络中断。精准农业建立在需要不断增加数据传输水平的分布式传感器网络上。可靠的农村宽带是精准农业采用的一个限制因素。农民需要依靠大量的蜂窝、蓝牙和WiFi网络，而这有赖于通信基础设施的跟进。在农村通信网络中常见的信号丢失和数据带宽限制是精准农业的一个主要弱点。这是最有可能影响可用性标准的威胁。四是国外供应链进入精准农业使用的设备。除了数据完整性问题之外，外国制造的设备还可能被通过内置的固件后门访问或者在危机时刻或关键种植或收割时间窗口期间通过发送到设备的恶意代码批量远程禁用，可能导致潜在的农业损失。

农机智能化网络安全的应对

农机智能化不断发展与创新，深刻改变着传统农业形态，随着数以亿计的设备接入物联网提供创新、互联的新服务，整个生态系统中的诈骗和攻击行为随之增加，对用户隐私、基础网络环境的安全冲击尤为突出。就在物联网已经逐步成为网络安全"重灾区"的背后，智能化的农机需要多方面的应对方式。

一是常规安全的控制。在物联网时代，农业与其他行业一样，面临着相类似的网络安全威胁。因此，与其他行业一样，应该建立通行的常规安全防护手段。比如，对电子邮件和 Web 浏览器实施保护。电子邮件是黑客常用的攻击方式，是黑客获取网络信息的主要载体。电子邮件的安全首先保护了智慧农具系统和用户安全。其次要保护好网络端口、协议和服务。不安全的端口、协议和服务可能允许远程攻击者访问关键系统，将这些通信路径限制为仅经过身份验证和授权的系统可以减轻一些威胁载体。再次，要清点和保护好硬件、软件资产。用于智慧农机具的硬件设备都要建议相应的授权检测手段，软件要做到及时更新，确保安全。

二是数据安全控制。数据安全是农机智能化发展中的关键安全。数据资源是智能化农业企业的关键资源。谁拥有数据谁就拥有了发言权。按照美国《精准农业面临的威胁》中所认为的，精准农业面临的许多关键威胁都与数据安全问题有关，保护好数据安全，要有几方面的能力：数据恢复能力。精准农业公司和用户依赖庞大的数据集，这些数据集的丢失会使许多技术失效。在数据丢失的情况下，制订计划并维护设备以在收集数据时就备份数据是极为宝贵的。在数据丢失后执行数据备份的计划也同样重要。防止数据丢失能力。数据恢复对于持续的功能很重要，但是组织也可以通过使用数据库管理工具、加密和访问控制来防止数据丢失。了解数据所有权的能力。精准农业用户关注的一个关键领域是了解谁拥有哪些数据。与精准农业供应商签订的合同可能会改变数据所有权，并影响农民认为他们拥有专有权的数据的隐私。

三是物理安全控制。智慧农业的发展是多维度、多方面的，面临的威胁也必然是多类型的。智慧农业的发展不可能形成一种统一的应对威胁机制，建立事件响应机制、威胁控制措施很大程度上减轻了网络安全威胁的影响，在此基础上，在必要的设备间进行物理隔离，以此来降低设备间的风险，在某种程度上限制了网络威胁进入农业设备关键技术领域。

使用这些控制措施和其他网络安全标准可以在不降低用户体验的情况下提高防护标准，从而为互联网时代的精准农业提供网络安全保障，并为农业现代化及农业经济安全提供保障。

第七章　互联网与乡村文化

互联网不但深刻改变了农业产业，也深刻影响着农村的文化氛围。据《中国互联网发展报告2018》统计显示，截至2017年底，中国农村网民约为2.09亿，占比为27%。网民年龄结构继续偏向年轻，其中20～29岁年龄段的网民占比最高，由此带来的网络关注也持续趋于年轻化。我们在调研中发现，农村青年使用互联网的时间、频率极高。而互联网对于农村青年来说，是更为重要的了解世界的窗口。方寸屏幕之间了解学习着万千世界。农村青年也在论坛、博客、直播平台中形成了特有的一种"土味"文化，成为互联网亚文化的重要一种。让我们真正值得关注的是，农村青年对互联网上各种流行文化和现象普遍缺乏一种正确的判断能力，对互联网上各种情绪和思潮的蔓延缺乏一种正确的价值判断。各种利益群体借助互联网强大平台力量和相对自由的空间随意发布信息，在缺乏诚信体系和惩治措施的环境下，良莠不齐的信息肆意"裸奔"，消费者在"眼球经济"的诱导下面对各种违法诈骗信息往往无法判断，各种违法信息在农村网民群体中传播，网络舆论生态在狂欢情绪的挟裹中变成偏见蔓延的场所。近年发生的一些舆情事件中，由于"把关人"角色的缺位改变了传统信息生产链条，从信息生产者到传播渠道再到信息受众，单向度传播变为裂变式传播，每一个环节的传播互动都可能对原始信息进行再加工和改造，最终变为一种调侃、戏谑的狂欢，很多事件的舆论倾向一夜之间发生了改变。

网络传播的几个重要规律

互联网媒体与传统媒体相比，在环境、对象、平台等各方面均发生了明显变化。以互联网思维积极探索互联网衍生传播工具的开发应用，会用、善用新媒体，是时代赋予我们的新课题和新挑战。互联网上内容传播形成的各种文化，是青少年包括农村青少年思想文化的重要来源，互联网上舆情走向也常常影响着青少年社会价值的判断。因此，营造良好网络文化首先要了解网络传播的重要规律。

大众媒体作为文化产品的生产传播平台，成为不同社会群体表达言论的窗口，成为社会中各方面利益和文化展示的舞台，也是凝聚和稳定社会的一种无形力量。按照美国传播学者拉斯韦尔在《传播在社会中的结构和功能》一文中提出的传播"5W"模式，传播过程分为五个基本要素：传播者、传播内容、传播媒介、传播对象和传播效果。

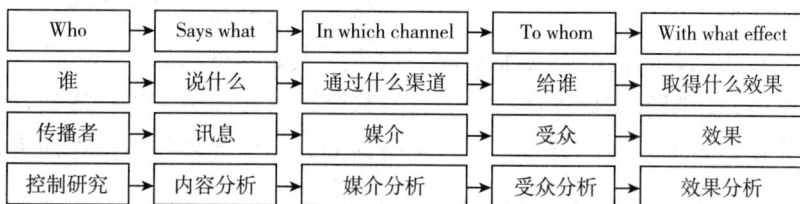

Who	Says what	In which channel	To whom	With what effect
谁	说什么	通过什么渠道	给谁	取得什么效果
传播者	讯息	媒介	受众	效果
控制研究	内容分析	媒介分析	受众分析	效果分析

纸媒和电视新闻时代，政府机关和主流媒体掌握话语权，传播者地位尤为重要。早在纸媒诞生之初，每篇新闻的报道都要经过报社编辑对真实性等各方面的严格审查。互联网时代，每个用户都可以变成一个自媒体，用户自身生产内容和专业新闻生产的界限变得模糊，新闻媒体不再掌握新闻的绝对话语权，媒体社交性的不断提升也使新闻报道和新闻评论之间的界限消弭，新闻不再是单向度的灌输宣传而成为众生喧哗的舆论场。网络传播突破以往由一对多，由点及面的单线条传播模式，形成点对点的去中心化传播模式，短信息为主的传播模式，同时，也导致大量无用繁琐的信息泛滥。为博取眼球，标题党、煽情新闻、情色新闻、八卦新闻大行其道，在经济利益的驱使下，蓄意混淆是非的动机愈发膨胀，甚至出现专门炮制假新闻的产业链。网络生态日益复杂，网络传播规律的研究也从传播行为的描述进入建设与管理并重，多维度探索的阶段。网络传播视野更多投向社会影响面，跳出纯技术的探讨，广泛发掘了网络内容建设的重要意义。将网络传播融入社会整体发展进程来考察。

在传播学发展过程中，有许多典型的理论和规律指导着传播实践的发展，这些传播学规律在网络传播依然发挥着重要作用，其中，把关人、蝴蝶效应、沉默的螺旋、议程设置、群体极化等理论在当前网络工作实际中尤其要重点关注。

把关人。把关人又称"守门人"，起源于心理学，后延伸为传播学理论，指新闻媒体从消息源获得大量资讯后编辑、筛选、删减的过程，掌握"把关"角色的人因新闻价值不同，影响着新闻的选择和报道，传统新闻时代，马克思主义认为媒体被大财团控制，把关人的行为受财团组织影响很大，一方面进行新闻的去伪存真，另一方面也有意选择其希望大众知道的消息。社交媒体时代，当谁都可以把新闻帖上网的时候，与纸媒和电视新闻媒体时代的"把关人"角色，在样态与运作机制上早已今非昔比。新闻真假的辨别某种意义上比报道新闻更重要。2016 年美国大选期间，特朗普当选是否存在有意制作、散布的假新闻推波助澜，引起广泛讨论，一些不实新闻泛起的涟漪竟然能对政治选举产生如此重大的影响，使假新闻备受诟病，新闻事实核查再次成为行业显学，对新闻事实进行澄清，成为迫切的社会需求，在此背景下，一种全新的新闻事实核查网站在西方社会率先出现。2017 年 4 月，Google 全面推出事实核查功能，借助第三方平台提供的核查结果，对信息的真伪进行标注，这是继 Google 在新闻搜寻栏目中启用"事实核查"功能后，进一步将其应用扩大到所有普通搜索结果中。而在国内，以腾讯"较真"等为代表的新闻事实核查平台逐步兴起，开始在一些耸人听闻的新闻和要素存疑的新闻事实核查中发挥作用，处理不靠谱的新闻源，有效控制假新闻的传播，新闻"把关"在互联网时代有了更丰富的发展。

蝴蝶效应。由美国气象学家爱德华·罗伦兹提出，其在《决定性的非周期流》中，认为"一只海鸥扇动翅膀足以永远改变天气变化"，在以后的演讲和论文中，用了更具诗意的蝴蝶，蝴蝶效应是连锁反应的一种，其最常见的表述是"一只蝴蝶在巴西轻拍翅膀，可以导致一个月后德克萨斯州的一场龙卷风"，其意思是表面上看来毫无关系、非常微小的事情，可能带来巨大的改变。事物发展的结果对初始条件具有极为敏感的依赖性。初始条件的改变，带来结果的巨大差异。蝴蝶效应在管理学、传播学中具有极为重要的意义。在舆情处置事件中，领导干部要高度重视苗头性、倾向性信息，一个坏的微小的问题，如果不加以引导，很容易变成影响全局的大问题。如突尼斯小贩在网络上汇聚的汹涌民意，最后引发整个政权的改变。

腾讯"较真"平台

沉默的螺旋。沉默的螺旋由由伊丽莎白·诺尔-纽曼于 1974 年在发表于《传播学刊》（Journal of Communication）上的《沉默的螺旋：一种大众观点理论》一文中最早提出。并在 1980 年出版的《沉默的螺旋：舆论——我们的社会皮肤》一书中完善。是传播学中一个经典概念。其主要含义是：如果人们觉得自己的观点是公众中的少数派，他们将不愿意传播自己的看法；而如果他们觉得自己的看法与多数人一致，他们会勇敢的说出来。而且媒体通常会关注多数派的观点，轻视少数派的观点。于是少数派的声音越来越小，多数派的声音越来越大，形成一种螺旋式上升的模式。在沉默的螺旋中，人们"把带有自己倾向的感知与媒体过滤过的感知混合为一个结论无形的整体感觉，他们觉得这个判断来自自己的思考和经验"。人们通常会高估自己估计意见的能力，这种对多数人意见的错误观察，就称为"多数的无知"。多数的无知指的是，即使个人对于某种意见持不赞成的态度，如果大众传播对这种意见持赞成态度的话，个人会错误地以为这种赞成态度是大多数人的意见。在网络舆情中，沉默的螺旋告诉我们，在主流意见形成后，大多数人会受到从众心理的影响，对于领导干部分析研判网络舆情传播反战规律具有重要作用。

议程设置。议程设置源于美国两位传播学者麦库姆斯和肖，他们于1972 年发表论文《大众传播的议程设置功能》首次提出"议程设置"理论，麦库姆斯和肖通过实证研究发现，大众媒介通过报道内容的方向和数量对某一议题进行强调，被强调的议题与受众心目中所认知的重要议题，

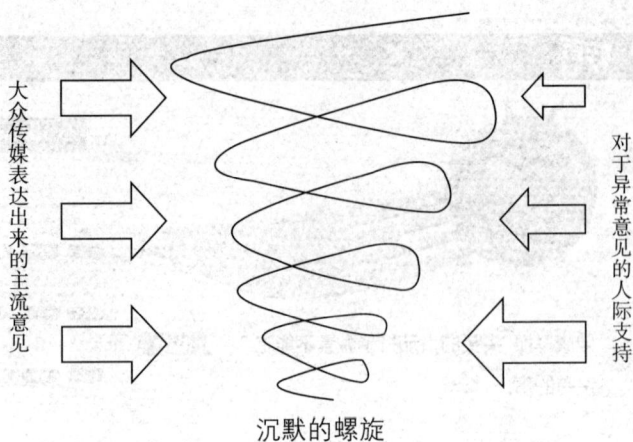

沉默的螺旋

有着高度的关联性。即，媒介关注报道的越多，大众就认为这一问题越重要。议程设置理论认为，大众媒介虽然不能决定人们对某一事件的具体看法，但可以通过报道的密集程度、重要程度等安排来左右人们对事件的认识和意见。媒介议程与公众对问题重要性的认识并不是简单的吻合，其一致程度取决于公众接触大众媒介的情况，经常使用大众媒介的人受议程设置议题影响较大。互联网传播环境中，传播主体多元化，人人都成为麦克风，议程设置较传统媒体出现新的特点，公众地位不断增强，议程设置更具主动性。网络媒体所提供的议题，并不能一定成为网民的议题，两者之间开始互相影响和作用。网民可以影响媒体对时间价值大小的判断，并改变媒体报道计划。但在网络空间里，掌握议程设置内涵仍有十分重要的意义，比如，可以有效发挥大 V 和意见领袖的作用，有效引导舆论。

群体极化。美国芝加哥大学教授桑斯坦提出传播过程中的"群体极化"概念，认为群体成员形成某种意见偏向后，会朝着人们偏向的意见聚集移动，形成某种极端性的意见。网络社群中，群体极化现象表现得极为明显。群体极化导致网络暴力的发生。网民群体在心态上整体呈现出情绪化、非理性特征，每个群体根据喜好的连接形成一种相对一致的情绪立场，对持有不同立场群体的排斥成为一种本能，某种情况下，群体之间利用网络的匿名性相互攻击谩骂，形成"群体极化"效应，西方传播学家庞勒所称的"乌合之众"在网络传播中尤为明显，由网络传播引发的群体性事件或者在网络被广泛传播的谣言，与极化的群体推波助澜有很大关系。

网络文化与乡村文脉

互联网基于这些特有的传播规律形成独特的网络文化。网络文化深刻改变了当代文化的话语体系，也成为乡村文化振兴中绕不开的话题。

网络文化是跨越城乡限制的同步文化。传统媒体时代的文化传播，地域性是显著的特点。不同地域的媒体立足于自身特色，在把关人的审核和一定范围内的传播中，形成各有特色又互不打扰的文化体系。互联网文化的传播打破了地域限制，把各种不同文明和城乡各异的文化拉到了一个平台上，互联网文化跨越了城乡地域的差异，不同文化可以彼此碰撞、冲突、融合，犹如万花筒一般丰富多彩。

网络文化是跨越身份限制的全民文化。传统文化传播中，社会精英阶层掌握了文化传播的话语权，网络文化兴起后，尤其是社交媒体的快速发展使每个网民都可以参与到"议程设置"之中，这极大调动了文化主体创造的积极性。当下，乡村文明日渐式微与乡村文明创新主体缺位不无关系。在互联网时代，文化创造的主体回归到参与劳动实践的人民大众之中，网络极大地调动起文化主体的自觉，在平等的互动中跨越身份的限制，是全民共创的文化。

网络文化是凸显网民个性的流行文化。互联网去中心化的特点，让每天一位参与其间的人都能自由表达自己的观点、分享自己的兴趣、建立自己的社群、形成自己的精神家园。互联网时代的各种文化现象层出不穷，传统意义上的文化概念和价值内涵被不断消解和重构。"造文化"曾经一度成为互联网上的流行话语，只要是新鲜的、好玩的、时尚的、有态度的，统统都是"造文化"。在网络流行文化的演进中，游戏、影视、动漫、文学都不断创造出新的文化符号，并赋能传统文化，形成新的文化价值。

网络文化是放大社会风险的强势文化。在互联网上，网民隐身匿名的表达环境的影响。某一事件如果在发酵形成舆情事件，极容易在舆情爆发中放大社会风险，对某个人、某一群体形成非理性的道德审判。这种审判强势且充满语言暴力，有时候并不是基于事件本身的是非曲直，而只是网民一哄而上形成的极化效应。在我国乡村，农村网民文化素质普遍不高，网上鉴别是非的能力不强，极易受到别有用心的煽动，成为网络谣言的传播者和受害者。

　　乡村文化作为有别于城市文化的文化类型，是我们中华文化的根脉。我国乡村熟人社会蕴含了淳朴的道德规范，重义守信、孝老爱亲是广大农村的基本乡俗。但以互联网为代表的现代文化大量进入乡村社会，极大冲击着农民的内心世界、文化判断和价值选择，再加上乡村社会大量农民游走于乡村和城市之间，长期背井离乡的生活方式使得主观上盲目的舍弃乡村文化，摆脱传统风俗和乡规民约的冲动不断增强，传统农耕文化被边缘化、礼俗秩序瓦解，乡村文化的价值体系构建逐步迷失。虚无主义、拜金主义、消费主义、封建迷信等乘虚而入，成为乡村文化建设不可避免的挑战。近些年，我国一些迷信宗教思想借助互联网传播便捷、影响力大的特点快速传播，试图向农村传播。个别自诩为"大师"的人士参与网上话题争论成为大 V，扩大自身影响力。部分宗教人士积极开通微博、微信等成为"网红"。2019 年的中央 1 号文件，首次在 1 号文件中提出了"严厉打击邪教组织在农村的渗透"。

> ▶ **小知识：中央 1 号文件首次提出"严厉打击邪教组织在农村的渗透"**
>
> 　　持续推进平安乡村建设。深入推进扫黑除恶专项斗争，严厉打击农村黑恶势力，杜绝"村霸"等黑恶势力对基层政权的侵蚀。严厉打击敌对势力、邪教组织、非法宗教活动向农村地区的渗透。推进纪检监察工作向基层延伸，坚决查处发生在农民身边的不正之风和腐败问题。健全落实社会治安综合治理领导责任制。深化拓展网格化服务管理，整合配优基层一线平安建设力量，把更多资源、服务、管理放到农村社区。加强乡村交通、消防、公共卫生、食品药品安全、地质灾害等公共安全事件易发领域隐患排查和专项治理。加快建设信息化、智能化农村社会治安防控体系，继续推进农村"雪亮工程"建设。坚持发展新时代"枫桥经验"，完善农村矛盾纠纷排查调处化解机制，提高服务群众、维护稳定的能力和水平。
>
> 　　来源：《中共中央　国务院关于坚持农业农村优先发展做好"三农"工作的若干意见》。

　　我们要在乡村巨大变迁中，重新梳理和发现乡村文化的精髓，对传承了数千年的农耕文明进行挖掘重塑，实现乡村文化振兴。比如，春节的社火庙会、重阳登高、中秋赏月等民俗活动；皮影戏、秧歌高跷、舞龙舞狮等民间文艺；年画、刺绣、竹编等民间传统工艺都是我国农耕文明创造的丰富多彩、具有强大内生力量的文明。记得住乡愁，不仅要修缮农房农舍，更要在传承好乡村文化中做好文章。互联网既极大改变了乡村文化的面貌，也在乡村文化振兴中扮演着重要的助推作用。

一是互联网利于乡村非物质文化遗产传承。非物质文化遗产是乡村文化的根与魂，保护好、利用好乡村的非物质文化遗产既能够引领文明乡风、弘扬优秀传统文化。不少乡村通过设立文化节、讲习所、工作坊等传统手段保护传承非物质文化遗产，也把互联网作为推广传播的重要途径。2019年初，短视频平台快手推出"快手非遗带头人计划"，发掘乡村非物质文化遗产传承人，将在湖南湘西、贵州雷山、四川凉山试点选取非遗带头人，全方位支持其发展。据快手平台发布数据显示，2018年快手累计出现1 164万条非遗视频内容，共250亿播放量和5亿点赞量，视频年发布数量排名前十的非遗内容里，秦腔有94万多条，秧歌79万多条，面人52万多条，豫剧43万多条，此外还有火把节、庙会、竹马、象棋、晋剧、玉雕等。

二是互联网助力乡村公共文化空间建设。近几年来，为进一步丰富乡村文化生活，政府充分发挥公共文化空间的作用，建设乡村文化活动室、图书室、文化广场等公共文化基础设施，为农民参与公共文化活动创造条件。然而，不少地方反映，一些乡村文化活动室、图书室利用率不高，不仅由于提供的图书内容不贴近农民实际需求，另一方面，图书室、活动室方便度不够也阻碍了农民的参与意愿。针对互联网带来的文化空间选择便利化、自主化特点，一些地方进行了积极探索，建设网上虚拟公共文化空间，形成网上精神家园和乡村文脉传承载体，得到农民极大欢迎。

三是互联网推动乡村文化产业发展。我国乡村经济发展不平衡、地域差别较大，乡村风貌千差万别又各具特色。在乡村产业振兴的过程中，不少地方探索形成"文化旅游"的品牌，乡村游最大的特色不仅在于一种休闲放松的田园环境，更多的时候还有饮食服饰、风俗习惯、演出节目等文化参与。在互联网上"网红村庄"的形成，既是网民自发分享、相互点赞的结果，也有地方旅游部门运用互联网平台宣传推介的作用。以文化促进经济发展，既彰显乡村文化生命力，又增加了农民的经济收入。

四是互联网促进城乡文化融合互动。以互联网文化为代表的现代文明的冲击，是农民在城乡互动中逐渐形成的文化自觉意识。更加深刻地理解了自身文化形成的社会基础、独有特色以及发展走向，对文化的认知和反思也会形成一种辩证的判断，更好取其精华、去其糟粕。将现代文明的优点融入到乡村文化之中，使传统农耕文化与现代文化找到新的契合点，在文化重塑中生长，推动现代乡村价值体系形成。

网络文化与乡村青年

青年是农村互联网使用的主体，也是乡村振兴的主力。互联网对于农村青年来说，绝不仅仅是传播农业技术的"新农具"，而更多的影响着农村青少年世界观的形成。由于自然条件的限制，广大农村长期处于信息闭塞的状态，互联网的快速发展为消弭城乡间的这种差距提供了便利。习近平总书记说，青年一代有理想、有本领、有担当，国家就有前途，民族就有希望。中国梦是历史的、现实的，也是未来的；是我们这一代的，更是青年一代的。中华民族伟大复兴的中国梦终将在一代代青年的接力奋斗中变为现实。全党要关心和爱护青年，为他们实现人生出彩搭建舞台。广大青年要坚定理想信念，志存高远，脚踏实地，永做时代的弄潮儿，在实现中国梦的生动实践中放飞青春梦想，在为人民利益的不懈奋斗中书写人生华章。从这种意义上讲，互联网生态的好坏，关系到乡村青年精神追求，能否为乡村青年提供高质量的精神营养，也是互联网内容建设的重要方向。有媒体报道称，农村的文化沙漠现象严重，色情庸俗的风气盛行。一些农村青年从来不读书，但是抱着手机打游戏的却举目皆是。因此，互联网内容建设以及对乡村青年的惠及对于推动城乡公共文化服务体系融合发展，增加优秀乡村文化产品和服务供给，活跃繁荣农村文化市场，具有重要意义。

而年轻网民热衷使用的各类新应用，也成为新媒体发展的主流和热门。有商业数据分析机构统计显示，在目前使用并更新各类移动应用的用户中，26～35岁群体占比超过40%，成为影响移动应用及媒介形态推陈出新的主力。年轻网民带动的网络词汇的传播与变革，不仅继续构成现代社会文化变迁的重要表征，也为观察和了解年轻群体社会认知与表达、把握新时代的心态变化带来了新的坐标系。在一项腾讯 QQ 指数携手中国社会科学院社会学研究所发布的《95 后热词》中，通过分析 QQ 及 QQ 空间平台用户公开发表的说说、评论等大数据，选出一系列"95 后"高频用词，"疯狂打 call"、"2333"等 120 个热词被收录其中，用全新的语义阐释了"95 后"的新文化生态。此外，QQ 浏览器和联合中国人民大学舆论研究所发布《QQ 浏览器大数据：谁都无法代表 95 后》，报告这样描述了"95 后一代"——"他们想象自己像王思聪，独具个性；他们也比 80 后更关心国际大事；他们最喜欢的明星大多是 70 后、80 后。""95 后是无法被代表的一代。"成长在互联网的"熏陶"下，"95 后"受到网络文化最明显的影响，一批新词被创造和使用，或赋予传统词汇以全新含义。在这些网络热词背后，反映出年轻网民的心态、心理、情绪、情感以及对于这个时代社会文化生活的感知与思考。在各类直播平台上，"土味"文化成为一种特有的互联网亚文化类型，农村青年是主要的用户群体和"土味"文化的创造者和传播者。

大数据和人工智能也不断影响网民对事件的接受。聚合类新闻客户端大量出现，这类客户端通过分析读者阅读数据不断推送相同话题的新闻，形成"越看什么越推送什么"信息阅读模式，一方面满足了读者的喜好，另一方面也容易陷入一叶障目的怪圈。多数的移动新闻客户端采取了资讯、娱乐等轻内容和话题、专题聚类、评论以及话题延伸讨论等实内容并重的方式。此外，聚合类新闻客户端通过 QQ、微博、微信的社交账号登录，使新闻阅读的打开方式一开始就呈现出社交化应用场景。每个人既是新闻的阅读者，也是新闻的评论员。仁者见仁、智者见智，站在不同立场、角度的解读和评论让不同声音得以交锋、不同观点相互碰撞，形成百家争鸣的格局。互动式的场景中，不断满足了人们分享知识、经验的意愿，也使新闻被多次加工，话题链不断衍生。阅读更加有趣。社交化应用的趋势在新近推出的移动新闻客户端里得到更充分地重视。鼓励用户发弹幕评论参与讨论。在阅读新闻的同时，也能同时看到别人发的弹幕。一些客户端增加了"小组"的功能，兴趣相投的用户不但不可以加入相关群，获取更多有价值资讯，在自身达到一定级别后，还可以加族群发展新用户。

受移动互联网蓬勃发展影响，以微信公众号为代表的自媒体如雨后春笋般生长，在给大众提供知识和信息来源的同时，乱象丛生、泥沙俱下，自媒体存在低俗色情、标题党、谣言、黑公关、刷数据、伪原创等诸多问题也越来越受到政府部门和公众的关注。针对上述问题，中央网信办会同有关部门，开展了集中清理整治专项行动，依法依规全网处置"唐纳德说""傅首尔""紫竹张先生""有束光""万能福利吧""野史秘闻""深夜视频"等9 800多个自媒体账号。依法约谈腾讯微信、新浪微博等自媒体平台，对其主体责任缺失、疏于管理、放任野蛮生长、造成种种乱象，提出严重警告。在相关部门严厉查处的背后，我们看到在广大三四线城市尤其是农村地区，社交媒体的发展表现出情绪主义抬头和泛娱乐化等显著特点。

情绪主义抬头。情绪主义抬头使新闻专业主义受到很大冲击，也说明了普通网民在网络新闻舆论场中相对弱势的地位。信息造假产业链的形成更对整个互联网信息生态带来极大损害。网络问题社会化，社会问题网络化趋势明显，在这种新应用新业态催生出的多样化信息消费需求的情况下，网络诚信体系建设是当下必须重视的要务。网络空间不是绝对"自由王国"，不是杂草丛生的"黑暗森林"。虽然网络突破地域身份限制，但无视现实社会，甚至逞一时口舌之快，嬉笑怒骂无所顾忌的行为是应当被制止的。失信行为成为新媒体环境下突出的社会问题。追求没有限制的"绝对自由"，过分对小部分人利益的强调和缺乏审慎精神的情绪表达，实质上导致社会公共性的丧失和治理的无序，误导社会舆论情绪，抬高社会沟通成本。一些极端性事件的爆发更是把网络论坛推向前所未有的道德困境，也广泛引发社会责任划分争论，魏则西事件、李文星事件等，这种以生命代价换来社会舆论对网络信息真实性价值的讨论，引发网民对网络社区信息安全强烈需求。而每当遇到这种情况，"技术中立"往往成为互利网平台推诿的主要理由。网信办按"前台自愿、后台实名"原则，实施真实身份信息备案、定期核验，同时明确行为主体责任，顺应网民新期待和互联网发展新要求。此外，强调主流媒体和新闻门户网站发挥社会公器作用，避免为追赶速度而跟风发布信息的模式，加强事实核查，加强澄清解释，强化网络大 V 与微信群主的责任，使网络评论环境从去中心化再次回归中心化，带动行业提升自我净化能力，这些举措，将促使网络公民秉持理性精神，以更多的同理心和负责任态度参与公众表达。从另一个方面来看，从杂乱无序的表达变为负责任的建设性意见，也有利于政府部门将网络言论纳入决策议事过程中。

网络泛娱乐化导致有害信息泛滥。消费主义的盛行和传媒产业化的发展，极大改变了网络传播的面貌。网络娱乐化在农村地区的典型表现是网络游戏的盛行。在不少农村地区，由于父母外出打工，留守儿童缺乏有效管理，再加上农村地区文化产品供给不足，很多农村青少年用来消磨打发时间的最好玩具就是"手机"。手机上铺天盖地的泛娱乐化信息和各种情景扮演的游戏，正好契合了青少年的文化口味。如果不能发挥核心价值观对创作、生产、传播的引领作用，成为青少年网民的情感认同，那么在积极性和消极性同时存在的网络空间中，有害信息就会不断泛滥。

我们需要不断加强网络内容建设，丰富乡村青年文化生活。

一是强化内容建设，搭建民意平台。互联网对传媒的深刻革命使传统媒体看到了巨大的危机和变革的需求，主动拥抱网络，进行生态重建是当下新闻媒体的改革方向。生态重建的本质说到底是渠道对内容的重塑。在这个生态格局的重建中，互联网的基因应深入渗透到新闻制作传播的各个环节。而当用户自身的生产无论从数量还是影响力来看，正在成为新闻内容生产的半壁江山的时候，"把关"的方式也不得不做出重要改变：不再是事前审定，而是事后鉴别；不再是媒体内部的编辑机制，而是一种独立的新闻样态；不再是出版社的一个流程，而是专业公司的运作。要把网络内容创新作为繁荣发展社会主义文艺的重要组成部分，形成倡导讲品位、讲格调、讲责任，抵制低俗、庸俗、媚俗的文化氛围。强化互联网内容建设，改善舆论生态、强化主流舆论。巩固和壮大互联网舆论阵地，营造积极健康向上的网上舆论，通过新兴媒体舆论场积极传播社会主义核心价值观，尝试打通"两个舆论场"，实现"连接中外、沟通世界"。习近平总书记在网络安全和信息化工作座谈会上指出，要尊重互联网发展规律，充分发挥人民群众的主体作用。对广大网民，要多一些包容和耐心，对建设性意见要及时吸纳，对困难要及时帮助，对不了解情况的要及时宣介，对模糊认识要及时廓清，对怨气怨言要及时化解，对错误看法要及时引导和纠正，让互联网成为了解群众、贴近群众、为群众排忧解难的新途径，成为发扬人民民主、接受人民监督的新渠道。

　　二是完善适合互联网创新性特点的法律惩戒制度。互利网的发展未知远大于已知，网络技术的快速创新和迭代使互利网应用的可能性无限增长。互利网法律空白的填补和操作规则的完善应当充分考虑到互联网的创新性，考虑到政府、企业、行业协会、网民之间的利益平衡，惩戒细化措施应有适度预留空间和弹性空间。实际执法层面应注重可操作性。在细则的执行中，需要规范配套、规范解释一些相对抽象的法律条文。随着大数据、人工智能等对网络应用的不断催化和演进，互联网执法保留适度裁量权是必要的，但也需要在相对规范的法律法规框架下，通过系统化的执法，遴选有针对性的司法判例来提高执法操作的确定性。《网络安全法》是网络立法领域的一个开端，相关的配套法律法规还需进一步细化。可以预见，随着互联网与经济社会各领域跨界融合和深度应用，建立适应网络空间新特点的一整套法律法规仍任重道远。网络法规的完善将形成诚信体系建设的基础，互联网空间也将由先发展、后治理走向发展与治理同步，发展与安全并重的模式。

　　三是利用大数据等技术手段建立态势感知体系。当下，加强个人信息安全保护是诚信体系建设迈出的重要一步，实名制的实施虽然只要求用户在注册时使用真实身份信息，实际发帖评论并不用对外公开真实身份，但保存于各大平台的实名制信息仍然面临安全漏洞风险。提升个人信息安全保护能力尤为重要。虽然语音识别、指纹识别、人脸识别等多种智能技术的发展在逐步提升信息安全保护水平，但技术产品安全漏洞的泛在和黑客攻击形式的变化多端，安全风险仍形势严峻，对网络安全的态势感知能力还需不断加强，短期内可以通过加大网上巡查等方式维护网络信息安全。长期来看，可通过有效技术手段促进网络诚信体系的形成，比如建立大数据网络信息安全态势感知系统，更好发现网络黑客攻击等行为；建立适合行业发展的诚信指标体系，明确行业诚信标准，实现良性动态管理。

　　四是建立多方协同机制，形成共享共治局面。网络社会的复杂性涉及多利益攸关方，网络社会的治理模式也不可能复制传统社会单纯依靠政府监管，而是多利益攸关方共同参与，社会协同共治的模式。网络空间的风清气朗，政府部门应当表达一种鲜明的"不中立"立场，果断出台政策，明辨是非标准；行业协会应组织互联网平台建立行业自律准则；广大网民要积极参与，推动行业正能量的积累。比如，行业组织发挥政府和网民间协调员、润滑剂的作用，面对不良信息、谣言多发的情况，设立专门举报中心；主流媒体如人民日报、新华社开辟"求证"、"网闻求证"等栏目；一些门户网站如腾讯，更推出专业化的辟谣平台"较真"，都取得了良好的效果。建立畅通有效的举报渠道，有利于提高网民参与网络治理的积极性。广大网民举报监督充分反映了网络空间的突出问题，为政府部门提高治理水平提供了有益帮助。多方共治共享，形成网络诚信建设基本格局，将有效调整网络社会中各利益主体间的关系，理顺各群体间利益实现机制。

五是着力培养网民媒介素养，形成负责任表达的理性氛围。网络成为当下人们最重要的文化载体和精神寄托，如果网络自由被滥用，各种粗制滥造、坑蒙拐骗的信息充斥网络空间，网络信息质量不断下降，人人身处垃圾信息世界的时候，平台的活力和吸引力必然下降，行业进入恶性循环。因此，网络诚信体系的构建，必须有效提升网民媒介素养，形成负责任表达的理性氛围。对于广大网民而言，不轻易听信流言蜚语、不无中生有、凭空捏造事实。应利用好网络平台的优势，用好手中"麦克风"，理性参与社会事件表达，多发表有建设性的意见。只有这样，良好网络生态才能形成。也是网络诚信体系建设应达到的目的：当我们打开互联网的时候，看到的是真实的烟火气、看到的是理性的光芒，通过有价值的交流，有更多情感共鸣和对生活真谛的体悟。

附录：《乡村振兴战略规划（2018—2022 年）》

近日，中共中央、国务院印发了《乡村振兴战略规划（2018—2022年)》，并发出通知，要求各地区各部门结合实际认真贯彻落实。全文如下。

前　言

党的十九大提出实施乡村振兴战略，是以习近平同志为核心的党中央着眼党和国家事业全局，深刻把握现代化建设规律和城乡关系变化特征，顺应亿万农民对美好生活的向往，对"三农"工作作出的重大决策部署，是决胜全面建成小康社会、全面建设社会主义现代化国家的重大历史任务，是新时代做好"三农"工作的总抓手。从党的十九大到二十大，是"两个一百年"奋斗目标的历史交汇期，既要全面建成小康社会、实现第一个百年奋斗目标，又要乘势而上开启全面建设社会主义现代化国家新征程，向第二个百年奋斗目标进军。为贯彻落实党的十九大、中央经济工作会议、中央农村工作会议精神和政府工作报告要求，描绘好战略蓝图，强化规划引领，科学有序推动乡村产业、人才、文化、生态和组织振兴，根据《中共中央、国务院关于实施乡村振兴战略的意见》，特编制《乡村振兴战略规划（2018—2022年)》。

本规划以习近平总书记关于"三农"工作的重要论述为指导，按照产业兴旺、生态宜居、乡风文明、治理有效、生活富裕的总要求，对实施乡村振兴战略作出阶段性谋划，分别明确至 2020 年全面建成小康社会和2022 年召开党的二十大时的目标任务，细化实化工作重点和政策措施，部署重大工程、重大计划、重大行动，确保乡村振兴战略落实落地，是指导各地区各部门分类有序推进乡村振兴的重要依据。

第一篇　规划背景

党的十九大作出中国特色社会主义进入新时代的科学论断，提出实施乡村振兴战略的重大历史任务，在我国"三农"发展进程中具有划时代的里程碑意义，必须深入贯彻习近平新时代中国特色社会主义思想和党的十九大精神，在认真总结农业农村发展历史性成就和历史性变革的基础上，准确研判经济社会发展趋势和乡村演变发展态势，切实抓住历史机遇，增强责任感、使命感、紧迫感，把乡村振兴战略实施好。

第一章　重大意义

乡村是具有自然、社会、经济特征的地域综合体，兼具生产、生活、生态、文化等多重功能，与城镇互促互进、共生共存，共同构成人类活动的主要空间。乡村兴则国家兴，乡村衰则国家衰。我国人民日益增长的美好生活需要和不平衡不充分的发展之间的矛盾在乡村最为突出，我国仍处于并将长期处于社会主义初级阶段的特征很大程度上表现在乡村。全面建成小康社会和全面建设社会主义现代化强国，最艰巨最繁重的任务在农村，最广泛最深厚的基础在农村，最大的潜力和后劲也在农村。实施乡村振兴战略，是解决新时代我国社会主要矛盾、实现"两个一百年"奋斗目标和中华民族伟大复兴中国梦的必然要求，具有重大现实意义和深远历史意义。

实施乡村振兴战略是建设现代化经济体系的重要基础。农业是国民经济的基础，农村经济是现代化经济体系的重要组成部分。乡村振兴，产业兴旺是重点。实施乡村振兴战略，深化农业供给侧结构性改革，构建现代农业产业体系、生产体系、经营体系，实现农村一二三产业深度融合发展，有利于推动农业从增产导向转向提质导向，增强我国农业创新力和竞争力，为建设现代化经济体系奠定坚实基础。

实施乡村振兴战略是建设美丽中国的关键举措。农业是生态产品的重要供给者，乡村是生态涵养的主体区，生态是乡村最大的发展优势。乡村振兴，生态宜居是关键。实施乡村振兴战略，统筹山水林田湖草系统治理，加快推行乡村绿色发展方式，加强农村人居环境整治，有利于构建人与自然和谐共生的乡村发展新格局，实现百姓富、生态美的统一。

实施乡村振兴战略是传承中华优秀传统文化的有效途径。中华文明根植于农耕文化，乡村是中华文明的基本载体。乡村振兴，乡风文明是保障。实施乡村振兴战略，深入挖掘农耕文化蕴含的优秀思想观念、人文精神、道德规范，结合时代要求在保护传承的基础上创造性转化、创新性发展，有利于在新时代焕发出乡风文明的新气象，进一步丰富和传承中华优秀传统文化。

实施乡村振兴战略是健全现代社会治理格局的固本之策。社会治理的基础在基层，薄弱环节在乡村。乡村振兴，治理有效是基础。实施乡村振兴战略，加强农村基层基础工作，健全乡村治理体系，确保广大农民安居乐业、农村社会安定有序，有利于打造共建共治共享的现代社会治理格局，推进国家治理体系和治理能力现代化。

实施乡村振兴战略是实现全体人民共同富裕的必然选择。农业强不强、农村美不美、农民富不富，关乎亿万农民的获得感、幸福感、安全感，关乎全面建成小康社会全局。乡村振兴，生活富裕是根本。实施乡村振兴战略，不断拓宽农民增收渠道，全面改善农村生产生活条件，促进社会公平正义，有利于增进农民福祉，让亿万农民走上共同富裕的道路，汇聚起建设社会主义现代化强国的磅礴力量。

第二章　振兴基础

党的十八大以来，面对我国经济发展进入新常态带来的深刻变化，以习近平同志为核心的党中央推动"三农"工作理论创新、实践创新、制度创新，坚持把解决好"三农"问题作为全党工作重中之重，切实把农业农村优先发展落到实处；坚持立足国内保证自给的方针，牢牢把握国家粮食安全主动权；坚持不断深化农村改革，激发农村发展新活力；坚持把推进农业供给侧结构性改革作为主线，加快提高农业供给质量；坚持绿色生态导向，推动农业农村可持续发展；坚持在发展中保障和改善民生，让广大农民有更多获得感；坚持遵循乡村发展规律，扎实推进生态宜居的美丽乡村建设；坚持加强和改善党对农村工作的领导，为"三农"发展提供坚强政治保障。这些重大举措和开创性工作，推动农业农村发展取得历史性成就、发生历史性变革，为党和国家事业全面开创新局面提供了有力支撑。

农业供给侧结构性改革取得新进展，农业综合生产能力明显增强，全国粮食总产量连续 5 年保持在 1.2 万亿斤以上，农业结构不断优化，农村新产业新业态新模式蓬勃发展，农业生态环境恶化问题得到初步遏制，农业生产经营方式发生重大变化。农村改革取得新突破，农村土地制度、农村集体产权制度改革稳步推进，重要农产品收储制度改革取得实质性成效，农村创新创业和投资兴业蔚然成风，农村发展新动能加快成长。城乡发展一体化迈出新步伐，5年间8 000多万农业转移人口成为城镇居民，城乡居民收入相对差距缩小，农村消费持续增长，农民收入和生活水平明显提高。脱贫攻坚开创新局面，贫困地区农民收入增速持续快于全国平均水平，集中连片特困地区内生发展动力明显增强，过去5年累计6 800多万贫困人口脱贫。农村公共服务和社会事业达到新水平，农村基础设施建设不断加强，人居环境整治加快推进，教育、医疗卫生、文化等社会事业快速发展，农村社会焕发新气象。

同时，应当清醒地看到，当前我国农业农村基础差、底子薄、发展滞后的状况尚未根本改变，经济社会发展中最明显的短板仍然在"三农"，现代化建设中最薄弱的环节仍然是农业农村。主要表现在：农产品阶段性供过于求和供给不足并存，农村一二三产业融合发展深度不够，农业供给质量和效益亟待提高；农民适应生产力发展和市场竞争的能力不足，农村人才匮乏；农村基础设施建设仍然滞后，农村环境和生态问题比较突出，乡村发展整体水平亟待提升；农村民生领域欠账较多，城乡基本公共服务和收入水平差距仍然较大，脱贫攻坚任务依然艰巨；国家支农体系相对薄弱，农村金融改革任务繁重，城乡之间要素合理流动机制亟待健全；农村基层基础工作存在薄弱环节，乡村治理体系和治理能力亟待强化。

第三章　发展态势

从2018年到2022年，是实施乡村振兴战略的第一个5年，既有难得机遇，又面临严峻挑战。从国际环境看，全球经济复苏态势有望延续，我国统筹利用国内国际两个市场两种资源的空间将进一步拓展，同时国际农产品贸易不稳定性不确定性仍然突出，提高我国农业竞争力、妥善应对国际市场风险任务紧迫。特别是我国作为人口大国，粮食及重要农产品需求仍将刚性增长，保障国家粮食安全始终是头等大事。从国内形势看，随着我国经济由高速增长阶段转向高质量发展阶段，以及工业化、城镇化、信息化深入推进，乡村发展将处于大变革、大转型的关键时期。居民消费结构加快升级，中高端、多元化、个性化消费需求将快速增长，加快推进农业由增产导向转向提质导向是必然要求。我国城镇化进入快速发展与质量提升的新阶段，城市辐射带动农村的能力进一步增强，但大量农民仍然生活在农村的国情不会改变，迫切需要重塑城乡关系。我国乡村差异显著，多样性分化的趋势仍将延续，乡村的独特价值和多元功能将进一步得到发掘和拓展，同时应对好村庄空心化和农村老龄化、延续乡村文化血脉、完善乡村治理体系的任务艰巨。

实施乡村振兴战略具备较好条件。有习近平总书记把舵定向，有党中央、国务院的高度重视、坚强领导、科学决策，实施乡村振兴战略写入党章，成为全党的共同意志，乡村振兴具有根本政治保障。社会主义制度能够集中力量办大事，强农惠农富农政策力度不断加大，农村土地集体所有制和双层经营体制不断完善，乡村振兴具有坚强制度保障。优秀农耕文明源远流长，寻根溯源的人文情怀和国人的乡村情结历久弥深，现代城市文明导入融汇，乡村振兴具有深厚文化土壤。国家经济实力和综合国力日益增强，对农业农村支持力度不断加大，农村生产生活条件加快改善，农民收入持续增长，乡村振兴具有雄厚物质基础。农业现代化和社会主义新农村建设取得历史性成就，各地积累了丰富的成功经验和做法，乡村振兴具有扎实工作基础。

实施乡村振兴战略，是党对"三农"工作一系列方针政策的继承和发展，是亿万农民的殷切期盼。必须抓住机遇，迎接挑战，发挥优势，顺势而为，努力开创农业农村发展新局面，推动农业全面升级、农村全面进步、农民全面发展，谱写新时代乡村全面振兴新篇章。

第二篇　总体要求

按照到 2020 年实现全面建成小康社会和分两个阶段实现第二个百年奋斗目标的战略部署，2018 年至 2022 年这 5 年间，既要在农村实现全面小康，又要为基本实现农业农村现代化开好局、起好步、打好基础。

第四章　指导思想和基本原则

第一节　指导思想

深入贯彻习近平新时代中国特色社会主义思想，深入贯彻党的十九大和十九届二中、三中全会精神，加强党对"三农"工作的全面领导，坚持稳中求进工作总基调，牢固树立新发展理念，落实高质量发展要求，紧紧围绕统筹推进"五位一体"总体布局和协调推进"四个全面"战略布局，坚持把解决好"三农"问题作为全党工作重中之重，坚持农业农村优先发展，按照产业兴旺、生态宜居、乡风文明、治理有效、生活富裕的总要求，建立健全城乡融合发展体制机制和政策体系，统筹推进农村经济建设、政治建设、文化建设、社会建设、生态文明建设和党的建设，加快推进乡村治理体系和治理能力现代化，加快推进农业农村现代化，走中国特色社会主义乡村振兴道路，让农业成为有奔头的产业，让农民成为有吸引力的职业，让农村成为安居乐业的美丽家园。

第二节　基本原则

——坚持党管农村工作。毫不动摇地坚持和加强党对农村工作的领导，健全党管农村工作方面的领导体制机制和党内法规，确保党在农村工作中始终总揽全局、协调各方，为乡村振兴提供坚强有力的政治保障。

——坚持农业农村优先发展。把实现乡村振兴作为全党的共同意志、共同行动，做到认识统一、步调一致，在干部配备上优先考虑，在要素配置上优先满足，在资金投入上优先保障，在公共服务上优先安排，加快补齐农业农村短板。

——坚持农民主体地位。充分尊重农民意愿，切实发挥农民在乡村振兴中的主体作用，调动亿万农民的积极性、主动性、创造性，把维护农民群众根本利益、促进农民共同富裕作为出发点和落脚点，促进农民持续增收，不断提升农民的获得感、幸福感、安全感。

——坚持乡村全面振兴。准确把握乡村振兴的科学内涵，挖掘乡村多种功能和价值，统筹谋划农村经济建设、政治建设、文化建设、社会建设、生态文明建设和党的建设，注重协同性、关联性，整体部署，协调推进。

——坚持城乡融合发展。坚决破除体制机制弊端，使市场在资源配置中起决定性作用，更好发挥政府作用，推动城乡要素自由流动、平等交换，推动新型工业化、信息化、城镇化、农业现代化同步发展，加快形成工农互促、城乡互补、全面融合、共同繁荣的新型工农城乡关系。

——坚持人与自然和谐共生。牢固树立和践行绿水青山就是金山银山的理念，落实节约优先、保护优先、自然恢复为主的方针，统筹山水林田湖草系统治理，严守生态保护红线，以绿色发展引领乡村振兴。

——坚持改革创新、激发活力。不断深化农村改革，扩大农业对外开放，激活主体、激活要素、激活市场，调动各方力量投身乡村振兴。以科技创新引领和支撑乡村振兴，以人才汇聚推动和保障乡村振兴，增强农业农村自我发展动力。

——坚持因地制宜、循序渐进。科学把握乡村的差异性和发展走势分化特征，做好顶层设计，注重规划先行、因势利导、分类施策、突出重点、体现特色、丰富多彩。既尽力而为，又量力而行，不搞层层加码，不搞一刀切，不搞形式主义和形象工程，久久为功，扎实推进。

第五章　发展目标

到 2020 年，乡村振兴的制度框架和政策体系基本形成，各地区各部门乡村振兴的思路举措得以确立，全面建成小康社会的目标如期实现。到 2022 年，乡村振兴的制度框架和政策体系初步健全。国家粮食安全保障水平进一步提高，现代农业体系初步构建，农业绿色发展全面推进；农村一二三产业融合发展格局初步形成，乡村产业加快发展，农民收入水平进一步提高，脱贫攻坚成果得到进一步巩固；农村基础设施条件持续改善，城乡统一的社会保障制度体系基本建立；农村人居环境显著改善，生态宜居的美丽乡村建设扎实推进；城乡融合发展体制机制初步建立，农村基本公共服务水平进一步提升；乡村优秀传统文化得以传承和发展，农民精神文化生活需求基本得到满足；以党组织为核心的农村基层组织建设明显加强，乡村治理能力进一步提升，现代乡村治理体系初步构建。探索形成一批各具特色的乡村振兴模式和经验，乡村振兴取得阶段性成果。

第六章　远景谋划

到 2035 年，乡村振兴取得决定性进展，农业农村现代化基本实现。农业结构得到根本性改善，农民就业质量显著提高，相对贫困进一步缓解，共同富裕迈出坚实步伐；城乡基本公共服务均等化基本实现，城乡融合发展体制机制更加完善；乡风文明达到新高度，乡村治理体系更加完善；农村生态环境根本好转，生态宜居的美丽乡村基本实现。

到 2050 年，乡村全面振兴，农业强、农村美、农民富全面实现。

第三篇　构建乡村振兴新格局

坚持乡村振兴和新型城镇化双轮驱动，统筹城乡国土空间开发格局，优化乡村生产生活生态空间，分类推进乡村振兴，打造各具特色的现代版"富春山居图"。

第七章　统筹城乡发展空间

按照主体功能定位，对国土空间的开发、保护和整治进行全面安排和总体布局，推进"多规合一"，加快形成城乡融合发展的空间格局。

第一节　强化空间用途管制

强化国土空间规划对各专项规划的指导约束作用，统筹自然资源开发利用、保护和修复，按照不同主体功能定位和陆海统筹原则，开展资源环境承载能力和国土空间开发适宜性评价，科学划定生态、农业、城镇等空间和生态保护红线、永久基本农田、城镇开发边界及海洋生物资源保护线、围填海控制线等主要控制线，推动主体功能区战略格局在市县层面精准落地，健全不同主体功能区差异化协同发展长效机制，实现山水林田湖草整体保护、系统修复、综合治理。

第二节　完善城乡布局结构

以城市群为主体构建大中小城市和小城镇协调发展的城镇格局，增强城镇地区对乡村的带动能力。加快发展中小城市，完善县城综合服务功能，推动农业转移人口就地就近城镇化。因地制宜发展特色鲜明、产城融合、充满魅力的特色小镇和小城镇，加强以乡镇政府驻地为中心的农民生活圈建设，以镇带村、以村促镇，推动镇村联动发展。建设生态宜居的美丽乡村，发挥多重功能，提供优质产品，传承乡村文化，留住乡愁记忆，满足人民日益增长的美好生活需要。

第三节　推进城乡统一规划

通盘考虑城镇和乡村发展，统筹谋划产业发展、基础设施、公共服务、资源能源、生态环境保护等主要布局，形成田园乡村与现代城镇各具特色、交相辉映的城乡发展形态。强化县域空间规划和各类专项规划引导约束作用，科学安排县域乡村布局、资源利用、设施配置和村庄整治，推动村庄规划管理全覆盖。综合考虑村庄演变规律、集聚特点和现状分布，结合农民生产生活半径，合理确定县域村庄布局和规模，避免随意撤并村庄搞大社区、违背农民意愿大拆大建。加强乡村风貌整体管控，注重农房单体个性设计，建设立足乡土社会、富有地域特色、承载田园乡愁、体现现代文明的升级版乡村，避免千村一面，防止乡村景观城市化。

第八章 优化乡村发展布局

坚持人口资源环境相均衡、经济社会生态效益相统一，打造集约高效生产空间，营造宜居适度生活空间，保护山清水秀生态空间，延续人和自然有机融合的乡村空间关系。

第一节 统筹利用生产空间

乡村生产空间是以提供农产品为主体功能的国土空间，兼具生态功能。围绕保障国家粮食安全和重要农产品供给，充分发挥各地比较优势，重点建设以"七区二十三带"为主体的农产品主产区。落实农业功能区制度，科学合理划定粮食生产功能区、重要农产品生产保护区和特色农产品优势区，合理划定养殖业适养、限养、禁养区域，严格保护农业生产空间。适应农村现代产业发展需要，科学划分乡村经济发展片区，统筹推进农业产业园、科技园、创业园等各类园区建设。

第二节 合理布局生活空间

乡村生活空间是以农村居民点为主体、为农民提供生产生活服务的国土空间。坚持节约集约用地，遵循乡村传统肌理和格局，划定空间管控边界，明确用地规模和管控要求，确定基础设施用地位置、规模和建设标准，合理配置公共服务设施，引导生活空间尺度适宜、布局协调、功能齐全。充分维护原生态村居风貌，保留乡村景观特色，保护自然和人文环境，注重融入时代感、现代性，强化空间利用的人性化、多样化，着力构建便捷的生活圈、完善的服务圈、繁荣的商业圈，让乡村居民过上更舒适的生活。

第三节 严格保护生态空间

乡村生态空间是具有自然属性、以提供生态产品或生态服务为主体功能的国土空间。加快构建以"两屏三带"为骨架的国家生态安全屏障，全面加强国家重点生态功能区保护，建立以国家公园为主体的自然保护地体系。树立山水林田湖草是一个生命共同体的理念，加强对自然生态空间的整体保护，修复和改善乡村生态环境，提升生态功能和服务价值。全面实施产业准入负面清单制度，推动各地因地制宜制定禁止和限制发展产业目录，明确产业发展方向和开发强度，强化准入管理和底线约束。

第九章　分类推进乡村发展

顺应村庄发展规律和演变趋势，根据不同村庄的发展现状、区位条件、资源禀赋等，按照集聚提升、融入城镇、特色保护、搬迁撤并的思路，分类推进乡村振兴，不搞一刀切。

第一节　集聚提升类村庄

现有规模较大的中心村和其他仍将存续的一般村庄，占乡村类型的大多数，是乡村振兴的重点。科学确定村庄发展方向，在原有规模基础上有序推进改造提升，激活产业、优化环境、提振人气、增添活力，保护保留乡村风貌，建设宜居宜业的美丽村庄。鼓励发挥自身比较优势，强化主导产业支撑，支持农业、工贸、休闲服务等专业化村庄发展。加强海岛村庄、国有农场及林场规划建设，改善生产生活条件。

第二节　城郊融合类村庄

城市近郊区以及县城城关镇所在地的村庄，具备成为城市后花园的优势，也具有向城市转型的条件。综合考虑工业化、城镇化和村庄自身发展需要，加快城乡产业融合发展、基础设施互联互通、公共服务共建共享，在形态上保留乡村风貌，在治理上体现城市水平，逐步强化服务城市发展、承接城市功能外溢、满足城市消费需求能力，为城乡融合发展提供实践经验。

第三节　特色保护类村庄

历史文化名村、传统村落、少数民族特色村寨、特色景观旅游名村等自然历史文化特色资源丰富的村庄，是彰显和传承中华优秀传统文化的重要载体。统筹保护、利用与发展的关系，努力保持村庄的完整性、真实性和延续性。切实保护村庄的传统选址、格局、风貌以及自然和田园景观等整体空间形态与环境，全面保护文物古迹、历史建筑、传统民居等传统建筑。尊重原住居民生活形态和传统习惯，加快改善村庄基础设施和公共环境，合理利用村庄特色资源，发展乡村旅游和特色产业，形成特色资源保护与村庄发展的良性互促机制。

第四节　搬迁撤并类村庄

对位于生存条件恶劣、生态环境脆弱、自然灾害频发等地区的村庄，因重大项目建设需要搬迁的村庄，以及人口流失特别严重的村庄，可通过易地扶贫搬迁、生态宜居搬迁、农村集聚发展搬迁等方式，实施村庄搬迁撤并，统筹解决村民生计、生态保护等问题。拟搬迁撤并的村庄，严格限制新建、扩建活动，统筹考虑拟迁入或新建村庄的基础设施和公共服务设施建设。坚持村庄搬迁撤并与新型城镇化、农业现代化相结合，依托适宜区域进行安置，避免新建孤立的村落式移民社区。搬迁撤并后的村庄原址，因地制宜复垦或还绿，增加乡村生产生态空间。农村居民点迁建和村庄撤并，必须尊重农民意愿并经村民会议同意，不得强制农民搬迁和集中上楼。

第十章　坚决打好精准脱贫攻坚战

把打好精准脱贫攻坚战作为实施乡村振兴战略的优先任务，推动脱贫攻坚与乡村振兴有机结合相互促进，确保到 2020 年我国现行标准下农村贫困人口实现脱贫，贫困县全部摘帽，解决区域性整体贫困。

第一节　深入实施精准扶贫精准脱贫

健全精准扶贫精准脱贫工作机制，夯实精准扶贫精准脱贫基础性工作。因地制宜、因户施策，探索多渠道、多样化的精准扶贫精准脱贫路径，提高扶贫措施针对性和有效性。做好东西部扶贫协作和对口支援工作，着力推动县与县精准对接，推进东部产业向西部梯度转移，加大产业扶贫工作力度。加强和改进定点扶贫工作，健全驻村帮扶机制，落实扶贫责任。加大金融扶贫力度。健全社会力量参与机制，引导激励社会各界更加关注、支持和参与脱贫攻坚。

第二节　重点攻克深度贫困

实施深度贫困地区脱贫攻坚行动方案。以解决突出制约问题为重点，以重大扶贫工程和到村到户到人帮扶为抓手，加大政策倾斜和扶贫资金整合力度，着力改善深度贫困地区发展条件，增强贫困农户发展能力。推动新增脱贫攻坚资金、新增脱贫攻坚项目、新增脱贫攻坚举措主要用于"三区三州"等深度贫困地区。推进贫困村基础设施和公共服务设施建设，培育壮大集体经济，确保深度贫困地区和贫困群众同全国人民一道进入全面小康社会。

第三节　巩固脱贫攻坚成果

加快建立健全缓解相对贫困的政策体系和工作机制，持续改善欠发达地区和其他地区相对贫困人口的发展条件，完善公共服务体系，增强脱贫地区"造血"功能。结合实施乡村振兴战略，压茬推进实施生态宜居搬迁等工程，巩固易地扶贫搬迁成果。注重扶志扶智，引导贫困群众克服"等靠要"思想，逐步消除精神贫困。建立正向激励机制，将帮扶政策措施与贫困群众参与挂钩，培育提升贫困群众发展生产和务工经商的基本能力。加强宣传引导，讲好中国减贫故事。认真总结脱贫攻坚经验，研究建立促进群众稳定脱贫和防范返贫的长效机制，探索统筹解决城乡贫困的政策措施，确保贫困群众稳定脱贫。

第四篇　加快农业现代化步伐

坚持质量兴农、品牌强农，深化农业供给侧结构性改革，构建现代农业产业体系、生产体系、经营体系，推动农业发展质量变革、效率变革、动力变革，持续提高农业创新力、竞争力和全要素生产率。

第十一章　夯实农业生产能力基础

深入实施藏粮于地、藏粮于技战略，提高农业综合生产能力，保障国家粮食安全和重要农产品有效供给，把中国人的饭碗牢牢端在自己手中。

第一节　健全粮食安全保障机制

坚持以我为主、立足国内、确保产能、适度进口、科技支撑的国家粮食安全战略，建立全方位的粮食安全保障机制。按照"确保谷物基本自给、口粮绝对安全"的要求，持续巩固和提升粮食生产能力。深化中央储备粮管理体制改革，科学确定储备规模，强化中央储备粮监督管理，推进中央、地方两级储备协同运作。鼓励加工流通企业、新型经营主体开展自主储粮和经营。全面落实粮食安全省长责任制，完善监督考核机制。强化粮食质量安全保障。加快完善粮食现代物流体系，构建安全高效、一体化运作的粮食物流网络。

第二节 加强耕地保护和建设

严守耕地红线，全面落实永久基本农田特殊保护制度，完成永久基本农田控制线划定工作，确保到 2020 年永久基本农田保护面积不低于 15.46 亿亩。大规模推进高标准农田建设，确保到 2022 年建成 10 亿亩高标准农田，所有高标准农田实现统一上图入库，形成完善的管护监督和考核机制。加快将粮食生产功能区和重要农产品生产保护区细化落实到具体地块，实现精准化管理。加强农田水利基础设施建设，实施耕地质量保护和提升行动，到 2022 年农田有效灌溉面积达到 10.4 亿亩，耕地质量平均提升 0.5 个等级（别）以上。

第三节 提升农业装备和信息化水平

推进我国农机装备和农业机械化转型升级，加快高端农机装备和丘陵山区、果菜茶生产、畜禽水产养殖等农机装备的生产研发、推广应用，提升渔业船舶装备水平。促进农机农艺融合，积极推进作物品种、栽培技术和机械装备集成配套，加快主要作物生产全程机械化，提高农机装备智能化水平。加强农业信息化建设，积极推进信息进村入户，鼓励互联网企业建立产销衔接的农业服务平台，加强农业信息监测预警和发布，提高农业综合信息服务水平。大力发展数字农业，实施智慧农业工程和"互联网＋"现代农业行动，鼓励对农业生产进行数字化改造，加强农业遥感、物联网应用，提高农业精准化水平。发展智慧气象，提升气象为农服务能力。

第十二章 加快农业转型升级

按照建设现代化经济体系的要求，加快农业结构调整步伐，着力推动农业由增产导向转向提质导向，提高农业供给体系的整体质量和效率，加快实现由农业大国向农业强国转变。

第一节 优化农业生产力布局

以全国主体功能区划确定的农产品主产区为主体，立足各地农业资源禀赋和比较优势，构建优势区域布局和专业化生产格局，打造农业优化发展区和农业现代化先行区。东北地区重点提升粮食生产能力，依托"大粮仓"打造粮肉奶综合供应基地。华北地区着力稳定粮油和蔬菜、畜产品生产保障能力，发展节水型农业。长江中下游地区切实稳定粮油生产能力，优化水网地带生猪养殖布局，大力发展名优水产品生产。华南地区加快发展现代畜禽水产和特色园艺产品，发展具有出口优势的水产品养殖。西北、西南地区和北方农牧交错区加快调整产品结构，限制资源消耗大的产业规模，壮大区域特色产业。青海、西藏等生态脆弱区域坚持保护优先、限制开发，发展高原特色农牧业。

第二节　推进农业结构调整

加快发展粮经饲统筹、种养加一体、农牧渔结合的现代农业，促进农业结构不断优化升级。统筹调整种植业生产结构，稳定水稻、小麦生产，有序调减非优势区籽粒玉米，进一步扩大大豆生产规模，巩固主产区棉油糖胶生产，确保一定的自给水平。大力发展优质饲料牧草，合理利用退耕地、南方草山草坡和冬闲田拓展饲草发展空间。推进畜牧业区域布局调整，合理布局规模化养殖场，大力发展种养结合循环农业，促进养殖废弃物就近资源化利用。优化畜牧业生产结构，大力发展草食畜牧业，做大做强民族奶业。加强渔港经济区建设，推进渔港渔区振兴。合理确定内陆水域养殖规模，发展集约化、工厂化水产养殖和深远海养殖，降低江河湖泊和近海渔业捕捞强度，规范有序发展远洋渔业。

第三节　壮大特色优势产业

以各地资源禀赋和独特的历史文化为基础，有序开发优势特色资源，做大做强优势特色产业。创建特色鲜明、优势集聚、市场竞争力强的特色农产品优势区，支持特色农产品优势区建设标准化生产基地、加工基地、仓储物流基地，完善科技支撑体系、品牌与市场营销体系、质量控制体系，建立利益联结紧密的建设运行机制，形成特色农业产业集群。按照与国际标准接轨的目标，支持建立生产精细化管理与产品品质控制体系，采用国际通行的良好农业规范，塑造现代顶级农产品品牌。实施产业兴村强县行动，培育农业产业强镇，打造一乡一业、一村一品的发展格局。

第四节　保障农产品质量安全

实施食品安全战略，加快完善农产品质量和食品安全标准、监管体系，加快建立农产品质量分级及产地准出、市场准入制度。完善农兽药残留限量标准体系，推进农产品生产投入品使用规范化。建立健全农产品质量安全风险评估、监测预警和应急处置机制。实施动植物保护能力提升工程，实现全国动植物检疫防疫联防联控。完善农产品认证体系和农产品质量安全监管追溯系统，着力提高基层监管能力。落实生产经营者主体责任，强化农产品生产经营者的质量安全意识。建立农资和农产品生产企业信用信息系统，对失信市场主体开展联合惩戒。

第五节　培育提升农业品牌

实施农业品牌提升行动，加快形成以区域公用品牌、企业品牌、大宗农产品品牌、特色农产品品牌为核心的农业品牌格局。推进区域农产品公共品牌建设，擦亮老品牌，塑强新品牌，引入现代要素改造提升传统名优品牌，努力打造一批国际知名的农业品牌和国际品牌展会。做好品牌宣传推介，借助农产品博览会、展销会等渠道，充分利用电商、"互联网＋"等新兴手段，加强品牌市场营销。加强农产品商标及地理标志商标的注册和保护，构建我国农产品品牌保护体系，打击各种冒用、滥用公用品牌行为，建立区域公用品牌的授权使用机制以及品牌危机预警、风险规避和紧急事件应对机制。

第六节　构建农业对外开放新格局

建立健全农产品贸易政策体系。实施特色优势农产品出口提升行动，扩大高附加值农产品出口。积极参与全球粮农治理。加强与"一带一路"沿线国家合作，积极支持有条件的农业企业走出去。建立农业对外合作公共信息服务平台和信用评价体系。放宽农业外资准入，促进引资引技引智相结合。

第十三章　建立现代农业经营体系

坚持家庭经营在农业中的基础性地位，构建家庭经营、集体经营、合作经营、企业经营等共同发展的新型农业经营体系，发展多种形式适度规模经营，发展壮大农村集体经济，提高农业的集约化、专业化、组织化、社会化水平，有效带动小农户发展。

第一节　巩固和完善农村基本经营制度

落实农村土地承包关系稳定并长久不变政策，衔接落实好第二轮土地承包到期后再延长 30 年的政策，让农民吃上长效"定心丸"。全面完成土地承包经营权确权登记颁证工作，完善农村承包地"三权分置"制度，在依法保护集体所有权和农户承包权前提下，平等保护土地经营权。建立农村产权交易平台，加强土地经营权流转和规模经营的管理服务。加强农用地用途管制。完善集体林权制度，引导规范有序流转，鼓励发展家庭林场、股份合作林场。发展壮大农垦国有农业经济，培育一批具有国际竞争力的农垦企业集团。

第二节 壮大新型农业经营主体

实施新型农业经营主体培育工程，鼓励通过多种形式开展适度规模经营。培育发展家庭农场，提升农民专业合作社规范化水平，鼓励发展农民专业合作社联合社。不断壮大农林产业化龙头企业，鼓励建立现代企业制度。鼓励工商资本到农村投资适合产业化、规模化经营的农业项目，提供区域性、系统性解决方案，与当地农户形成互惠共赢的产业共同体。加快建立新型经营主体支持政策体系和信用评价体系，落实财政、税收、土地、信贷、保险等支持政策，扩大新型经营主体承担涉农项目规模。

第三节 发展新型农村集体经济

深入推进农村集体产权制度改革，推动资源变资产、资金变股金、农民变股东，发展多种形式的股份合作。完善农民对集体资产股份的占有、收益、有偿退出及抵押、担保、继承等权能和管理办法。研究制定农村集体经济组织法，充实农村集体产权权能。鼓励经济实力强的农村集体组织辐射带动周边村庄共同发展。发挥村党组织对集体经济组织的领导核心作用，防止内部少数人控制和外部资本侵占集体资产。

第四节 促进小农户生产和现代农业发展有机衔接

改善小农户生产设施条件，提高个体农户抵御自然风险能力。发展多样化的联合与合作，提升小农户组织化程度。鼓励新型经营主体与小农户建立契约型、股权型利益联结机制，带动小农户专业化生产，提高小农户自我发展能力。健全农业社会化服务体系，大力培育新型服务主体，加快发展"一站式"农业生产性服务业。加强工商企业租赁农户承包地的用途监管和风险防范，健全资格审查、项目审核、风险保障金制度，维护小农户权益。

第十四章 强化农业科技支撑

深入实施创新驱动发展战略，加快农业科技进步，提高农业科技自主创新水平、成果转化水平，为农业发展拓展新空间、增添新动能，引领支撑农业转型升级和提质增效。

第一节　提升农业科技创新水平

培育符合现代农业发展要求的创新主体，建立健全各类创新主体协调互动和创新要素高效配置的国家农业科技创新体系。强化农业基础研究，实现前瞻性基础研究和原创性重大成果突破。加强种业创新、现代食品、农机装备、农业污染防治、农村环境整治等方面的科研工作。深化农业科技体制改革，改进科研项目评审、人才评价和机构评估工作，建立差别化评价制度。深入实施现代种业提升工程，开展良种重大科研联合攻关，培育具有国际竞争力的种业龙头企业，推动建设种业科技强国。

第二节　打造农业科技创新平台基地

建设国家农业高新技术产业示范区、国家农业科技园区、省级农业科技园区，吸引更多的农业高新技术企业到科技园区落户，培育国际领先的农业高新技术企业，形成具有国际竞争力的农业高新技术产业。新建一批科技创新联盟，支持农业高新技术企业建立高水平研发机构。利用现有资源建设农业领域国家技术创新中心，加强重大共性关键技术和产品研发与应用示范。建设农业科技资源开放共享与服务平台，充分发挥重要公共科技资源优势，推动面向科技界开放共享，整合和完善科技资源共享服务平台。

第三节　加快农业科技成果转化应用

鼓励高校、科研院所建立一批专业化的技术转移机构和面向企业的技术服务网络，通过研发合作、技术转让、技术许可、作价投资等多种形式，实现科技成果市场价值。健全省市县三级科技成果转化工作网络，支持地方大力发展技术交易市场。面向绿色兴农重大需求，加大绿色技术供给，加强集成应用和示范推广。健全基层农业技术推广体系，创新公益性农技推广服务方式，支持各类社会力量参与农技推广，全面实施农技推广服务特聘计划，加强农业重大技术协同推广。健全农业科技领域分配政策，落实科研成果转化及农业科技创新激励相关政策。

第十五章　完善农业支持保护制度

以提升农业质量效益和竞争力为目标，强化绿色生态导向，创新完善政策工具和手段，加快建立新型农业支持保护政策体系。

第一节　加大支农投入力度

建立健全国家农业投入增长机制，政府固定资产投资继续向农业倾斜，优化投入结构，实施一批打基础、管长远、影响全局的重大工程，加快改变农业基础设施薄弱状况。建立以绿色生态为导向的农业补贴制度，提高农业补贴政策的指向性和精准性。落实和完善对农民直接补贴制度。完善粮食主产区利益补偿机制。继续支持粮改饲、粮豆轮作和畜禽水产标准化健康养殖，改革完善渔业油价补贴政策。完善农机购置补贴政策，鼓励对绿色农业发展机具、高性能机具以及保证粮食等主要农产品生产机具实行敞开补贴。

第二节　深化重要农产品收储制度改革

深化玉米收储制度改革，完善市场化收购加补贴机制。合理制定大豆补贴政策。完善稻谷、小麦最低收购价政策，增强政策灵活性和弹性，合理调整最低收购价水平，加快建立健全支持保护政策。深化国有粮食企业改革，培育壮大骨干粮食企业，引导多元市场主体入市收购，防止出现卖粮难。深化棉花目标价格改革，研究完善食糖（糖料）、油料支持政策，促进价格合理形成，激发企业活力，提高国内产业竞争力。

第三节　提高农业风险保障能力

完善农业保险政策体系，设计多层次、可选择、不同保障水平的保险产品。积极开发适应新型农业经营主体需求的保险品种，探索开展水稻、小麦、玉米三大主粮作物完全成本保险和收入保险试点，鼓励开展天气指数保险、价格指数保险、贷款保证保险等试点。健全农业保险大灾风险分散机制。发展农产品期权期货市场，扩大"保险＋期货"试点，探索"订单农业＋保险＋期货（权）"试点。健全国门生物安全查验机制，推进口岸动植物检疫规范化建设。强化边境管理，打击农产品走私。完善农业风险管理和预警体系。

第五篇　发展壮大乡村产业

以完善利益联结机制为核心，以制度、技术和商业模式创新为动力，推进农村一二三产业交叉融合，加快发展根植于农业农村、由当地农民主办、彰显地域特色和乡村价值的产业体系，推动乡村产业全面振兴。

第十六章　推动农村产业深度融合

把握城乡发展格局发生重要变化的机遇，培育农业农村新产业新业态，打造农村产业融合发展新载体新模式，推动要素跨界配置和产业有机融合，让农村一二三产业在融合发展中同步升级、同步增值、同步受益。

第一节 发掘新功能新价值

顺应城乡居民消费拓展升级趋势，结合各地资源禀赋，深入发掘农业农村的生态涵养、休闲观光、文化体验、健康养老等多种功能和多重价值。遵循市场规律，推动乡村资源全域化整合、多元化增值，增强地方特色产品时代感和竞争力，形成新的消费热点，增加乡村生态产品和服务供给。实施农产品加工业提升行动，支持开展农产品生产加工、综合利用关键技术研究与示范，推动初加工、精深加工、综合利用加工和主食加工协调发展，实现农产品多层次、多环节转化增值。

第二节 培育新产业新业态

深入实施电子商务进农村综合示范，建设具有广泛性的农村电子商务发展基础设施，加快建立健全适应农产品电商发展的标准体系。研发绿色智能农产品供应链核心技术，加快培育农业现代供应链主体。加强农商互联，密切产销衔接，发展农超、农社、农企、农校等产销对接的新型流通业态。实施休闲农业和乡村旅游精品工程，发展乡村共享经济等新业态，推动科技、人文等元素融入农业。强化农业生产性服务业对现代农业产业链的引领支撑作用，构建全程覆盖、区域集成、配套完备的新型农业社会化服务体系。清理规范制约农业农村新产业新业态发展的行政审批事项。着力优化农村消费环境，不断优化农村消费结构，提升农村消费层次。

第三节 打造新载体新模式

依托现代农业产业园、农业科技园区、农产品加工园、农村产业融合发展示范园等，打造农村产业融合发展的平台载体，促进农业内部融合、延伸农业产业链、拓展农业多种功能、发展农业新型业态等多模式融合发展。加快培育农商产业联盟、农业产业化联合体等新型产业链主体，打造一批产加销一体的全产业链企业集群。推进农业循环经济试点示范和田园综合体试点建设。加快培育一批"农字号"特色小镇，在有条件的地区建设培育特色商贸小镇，推动农村产业发展与新型城镇化相结合。

第十七章 完善紧密型利益联结机制

始终坚持把农民更多分享增值收益作为基本出发点，着力增强农民参与融合能力，创新收益分享模式，健全联农带农有效激励机制，让农民更多分享产业融合发展的增值收益。

第一节　提高农民参与程度

鼓励农民以土地、林权、资金、劳动、技术、产品为纽带，开展多种形式的合作与联合，依法组建农民专业合作社联合社，强化农民作为市场主体的平等地位。引导农村集体经济组织挖掘集体土地、房屋、设施等资源和资产潜力，依法通过股份制、合作制、股份合作制、租赁等形式，积极参与产业融合发展。积极培育社会化服务组织，加强农技指导、信用评价、保险推广、市场预测、产品营销等服务，为农民参与产业融合创造良好条件。

第二节　创新收益分享模式

加快推广"订单收购＋分红"、"土地流转＋优先雇用＋社会保障"、"农民入股＋保底收益＋按股分红"等多种利益联结方式，让农户分享加工、销售环节收益。鼓励行业协会或龙头企业与合作社、家庭农场、普通农户等组织共同营销，开展农产品销售推介和品牌运作，让农户更多分享产业链增值收益。鼓励农业产业化龙头企业通过设立风险资金、为农户提供信贷担保、领办或参办农民合作组织等多种形式，与农民建立稳定的订单和契约关系。完善涉农股份合作制企业利润分配机制，明确资本参与利润分配比例上限。

第三节　强化政策扶持引导

更好发挥政府扶持资金作用，强化龙头企业、合作组织联农带农激励机制，探索将新型农业经营主体带动农户数量和成效作为安排财政支持资金的重要参考依据。以土地、林权为基础的各种形式合作，凡是享受财政投入或政策支持的承包经营者均应成为股东方。鼓励将符合条件的财政资金特别是扶贫资金量化到农村集体经济组织和农户后，以自愿入股方式投入新型农业经营主体，对农户土地经营权入股部分采取特殊保护，探索实行农民负盈不负亏的分配机制。

第十八章　激发农村创新创业活力

坚持市场化方向，优化农村创新创业环境，放开搞活农村经济，合理引导工商资本下乡，推动乡村大众创业万众创新，培育新动能。

第一节　培育壮大创新创业群体

推进产学研合作，加强科研机构、高校、企业、返乡下乡人员等主体协同，推动农村创新创业群体更加多元。培育以企业为主导的农业产业技术创新战略联盟，加速资金、技术和服务扩散，带动和支持返乡创业人员依托相关产业链创业发展。整合政府、企业、社会等多方资源，推动政策、技术、资本等各类要素向农村创新创业集聚。鼓励农民就地创业、返乡创业，加大各方资源支持本地农民兴业创业力度。深入推行科技特派员制度，引导科技、信息、资金、管理等现代生产要素向乡村集聚。

第二节　完善创新创业服务体系

发展多种形式的创新创业支撑服务平台，健全服务功能，开展政策、资金、法律、知识产权、财务、商标等专业化服务。建立农村创新创业园区（基地），鼓励农业企业建立创新创业实训基地。鼓励有条件的县级政府设立"绿色通道"，为返乡下乡人员创新创业提供便利服务。建设一批众创空间、"星创天地"，降低创业门槛。依托基层就业和社会保障服务平台，做好返乡人员创业服务、社保关系转移接续等工作。

第三节　建立创新创业激励机制

加快将现有支持"双创"相关财政政策措施向返乡下乡人员创新创业拓展，把返乡下乡人员开展农业适度规模经营所需贷款按规定纳入全国农业信贷担保体系支持范围。适当放宽返乡创业园用电用水用地标准，吸引更多返乡人员入园创业。各地年度新增建设用地计划指标，要确定一定比例用于支持农村新产业新业态发展。落实好减税降费政策，支持农村创新创业。

第六篇　建设生态宜居的美丽乡村

牢固树立和践行绿水青山就是金山银山的理念，坚持尊重自然、顺应自然、保护自然，统筹山水林田湖草系统治理，加快转变生产生活方式，推动乡村生态振兴，建设生活环境整洁优美、生态系统稳定健康、人与自然和谐共生的生态宜居美丽乡村。

第十九章　推进农业绿色发展

以生态环境友好和资源永续利用为导向，推动形成农业绿色生产方式，实现投入品减量化、生产清洁化、废弃物资源化、产业模式生态化，提高农业可持续发展能力。

第一节　强化资源保护与节约利用

实施国家农业节水行动，建设节水型乡村。深入推进农业灌溉用水总量控制和定额管理，建立健全农业节水长效机制和政策体系。逐步明晰农业水权，推进农业水价综合改革，建立精准补贴和节水奖励机制。严格控制未利用地开垦，落实和完善耕地占补平衡制度。实施农用地分类管理，切实加大优先保护类耕地保护力度。降低耕地开发利用强度，扩大轮作休耕制度试点，制定轮作休耕规划。全面普查动植物种质资源，推进种质资源收集保存、鉴定和利用。强化渔业资源管控与养护，实施海洋渔业资源总量管理、海洋渔船"双控"和休禁渔制度，科学划定江河湖海限捕、禁捕区域，建设水生生物保护区、海洋牧场。

第二节　推进农业清洁生产

加强农业投入品规范化管理，健全投入品追溯系统，推进化肥农药减量施用，完善农药风险评估技术标准体系，严格饲料质量安全管理。加快推进种养循环一体化，建立农村有机废弃物收集、转化、利用网络体系，推进农林产品加工剩余物资源化利用，深入实施秸秆禁烧制度和综合利用，开展整县推进畜禽粪污资源化利用试点。推进废旧地膜和包装废弃物等回收处理。推行水产健康养殖，加大近海滩涂养殖环境治理力度，严格控制河流湖库、近岸海域投饵网箱养殖。探索农林牧渔融合循环发展模式，修复和完善生态廊道，恢复田间生物群落和生态链，建设健康稳定田园生态系统。

第三节　集中治理农业环境突出问题

深入实施土壤污染防治行动计划，开展土壤污染状况详查，积极推进重金属污染耕地等受污染耕地分类管理和安全利用，有序推进治理与修复。加强重有色金属矿区污染综合整治。加强农业面源污染综合防治。加大地下水超采治理，控制地下水漏斗区、地表水过度利用区用水总量。严格工业和城镇污染处理、达标排放，建立监测体系，强化经常性执法监管制度建设，推动环境监测、执法向农村延伸，严禁未经达标处理的城镇污水和其他污染物进入农业农村。

第二十章　持续改善农村人居环境

以建设美丽宜居村庄为导向，以农村垃圾、污水治理和村容村貌提升为主攻方向，开展农村人居环境整治行动，全面提升农村人居环境质量。

第一节　加快补齐突出短板

推进农村生活垃圾治理，建立健全符合农村实际、方式多样的生活垃圾收运处置体系，有条件的地区推行垃圾就地分类和资源化利用。开展非正规垃圾堆放点排查整治。实施"厕所革命"，结合各地实际普及不同类型的卫生厕所，推进厕所粪污无害化处理和资源化利用。梯次推进农村生活污水治理，有条件的地区推动城镇污水管网向周边村庄延伸覆盖。逐步消除农村黑臭水体，加强农村饮用水水源地保护。

第二节　着力提升村容村貌

科学规划村庄建筑布局，大力提升农房设计水平，突出乡土特色和地域民族特点。加快推进通村组道路、入户道路建设，基本解决村内道路泥泞、村民出行不便等问题。全面推进乡村绿化，建设具有乡村特色的绿化景观。完善村庄公共照明设施。整治公共空间和庭院环境，消除私搭乱建、乱堆乱放。继续推进城乡环境卫生整洁行动，加大卫生乡镇创建工作力度。鼓励具备条件的地区集中连片建设生态宜居的美丽乡村，综合提升田水路林村风貌，促进村庄形态与自然环境相得益彰。

第三节　建立健全整治长效机制

全面完成县域乡村建设规划编制或修编，推进实用性村庄规划编制实施，加强乡村建设规划许可管理。建立农村人居环境建设和管护长效机制，发挥村民主体作用，鼓励专业化、市场化建设和运行管护。推行环境治理依效付费制度，健全服务绩效评价考核机制。探索建立垃圾污水处理农户付费制度，完善财政补贴和农户付费合理分担机制。依法简化农村人居环境整治建设项目审批程序和招投标程序。完善农村人居环境标准体系。

第二十一章　加强乡村生态保护与修复

大力实施乡村生态保护与修复重大工程，完善重要生态系统保护制度，促进乡村生产生活环境稳步改善，自然生态系统功能和稳定性全面提升，生态产品供给能力进一步增强。

第一节　实施重要生态系统保护和修复重大工程

统筹山水林田湖草系统治理，优化生态安全屏障体系。大力实施大规模国土绿化行动，全面建设三北、长江等重点防护林体系，扩大退耕还林还草，巩固退耕还林还草成果，推动森林质量精准提升，加强有害生物防治。稳定扩大退牧还草实施范围，继续推进草原防灾减灾、鼠虫草害防治、严重退化沙化草原治理等工程。保护和恢复乡村河湖、湿地生态系统，积极开展农村水生态修复，连通河湖水系，恢复河塘行蓄能力，推进退田还湖还湿、退圩退垸还湖。大力推进荒漠化、石漠化、水土流失综合治理，实施生态清洁小流域建设，推进绿色小水电改造。加快国土综合整治，实施农村土地综合整治重大行动，推进农用地和低效建设用地整理以及历史遗留损毁土地复垦。加强矿产资源开发集中地区特别是重有色金属矿区地质环境和生态修复，以及损毁山体、矿山废弃地修复。加快近岸海域综合治理，实施蓝色海湾整治行动和自然岸线修复。实施生物多样性保护重大工程，提升各类重要保护地保护管理能力。加强野生动植物保护，强化外来入侵物种风险评估、监测预警与综合防控。开展重大生态修复工程气象保障服务，探索实施生态修复型人工增雨工程。

第二节　健全重要生态系统保护制度

完善天然林和公益林保护制度，进一步细化各类森林和林地的管控措施或经营制度。完善草原生态监管和定期调查制度，严格实施草原禁牧和草畜平衡制度，全面落实草原经营者生态保护主体责任。完善荒漠生态保护制度，加强沙区天然植被和绿洲保护。全面推行河长制湖长制，鼓励将河长湖长体系延伸至村一级。推进河湖饮用水水源保护区划定和立界工作，加强对水源涵养区、蓄洪滞涝区、滨河滨湖带的保护。严格落实自然保护区、风景名胜区、地质遗迹等各类保护地保护制度，支持有条件的地方结合国家公园体制试点，探索对居住在核心区域的农牧民实施生态搬迁试点。

第三节　健全生态保护补偿机制

加大重点生态功能区转移支付力度，建立省以下生态保护补偿资金投入机制。完善重点领域生态保护补偿机制，鼓励地方因地制宜探索通过赎买、租赁、置换、协议、混合所有制等方式加强重点区位森林保护，落实草原生态保护补助奖励政策，建立长江流域重点水域禁捕补偿制度，鼓励各地建立流域上下游等横向补偿机制。推动市场化多元化生态补偿，建立健全用水权、排污权、碳排放权交易制度，形成森林、草原、湿地等生态修复工程参与碳汇交易的有效途径，探索实物补偿、服务补偿、设施补偿、对口支援、干部支持、共建园区、飞地经济等方式，提高补偿的针对性。

第四节　发挥自然资源多重效益

大力发展生态旅游、生态种养等产业，打造乡村生态产业链。进一步盘活森林、草原、湿地等自然资源，允许集体经济组织灵活利用现有生产服务设施用地开展相关经营活动。鼓励各类社会主体参与生态保护修复，对集中连片开展生态修复达到一定规模的经营主体，允许在符合土地管理法律法规和土地利用总体规划、依法办理建设用地审批手续、坚持节约集约用地的前提下，利用 1‰～3‰ 治理面积从事旅游、康养、体育、设施农业等产业开发。深化集体林权制度改革，全面开展森林经营方案编制工作，扩大商品林经营自主权，鼓励多种形式的适度规模经营，支持开展林权收储担保服务。完善生态资源管护机制，设立生态管护员工作岗位，鼓励当地群众参与生态管护和管理服务。进一步健全自然资源有偿使用制度，研究探索生态资源价值评估方法并开展试点。

第七篇　繁荣发展乡村文化

坚持以社会主义核心价值观为引领，以传承发展中华优秀传统文化为核心，以乡村公共文化服务体系建设为载体，培育文明乡风、良好家风、淳朴民风，推动乡村文化振兴，建设邻里守望、诚信重礼、勤俭节约的文明乡村。

第二十二章　加强农村思想道德建设

持续推进农村精神文明建设，提升农民精神风貌，倡导科学文明生活，不断提高乡村社会文明程度。

第一节　践行社会主义核心价值观

坚持教育引导、实践养成、制度保障三管齐下，采取符合农村特点的方式方法和载体，深化中国特色社会主义和中国梦宣传教育，大力弘扬民族精神和时代精神。加强爱国主义、集体主义、社会主义教育，深化民族团结进步教育。注重典型示范，深入实施时代新人培育工程，推出一批新时代农民的先进模范人物。把社会主义核心价值观融入法治建设，推动公正文明执法司法，彰显社会主流价值。强化公共政策价值导向，探索建立重大公共政策道德风险评估和纠偏机制。

第二节　巩固农村思想文化阵地

推动基层党组织、基层单位、农村社区有针对性地加强农村群众性思想政治工作。加强对农村社会热点难点问题的应对解读，合理引导社会预期。健全人文关怀和心理疏导机制，培育自尊自信、理性平和、积极向上的农村社会心态。深化文明村镇创建活动，进一步提高县级及以上文明村和文明乡镇的占比。广泛开展星级文明户、文明家庭等群众性精神文明创建活动。深入开展"扫黄打非"进基层。重视发挥社区教育作用，做好家庭教育，传承良好家风家训。完善文化科技卫生"三下乡"长效机制。

第三节　倡导诚信道德规范

深入实施公民道德建设工程，推进社会公德、职业道德、家庭美德、个人品德建设。推进诚信建设，强化农民的社会责任意识、规则意识、集体意识和主人翁意识。建立健全农村信用体系，完善守信激励和失信惩戒机制。弘扬劳动最光荣、劳动者最伟大的观念。弘扬中华孝道，强化孝敬父母、尊敬长辈的社会风尚。广泛开展好媳妇、好儿女、好公婆等评选表彰活动，开展寻找最美乡村教师、医生、村官、人民调解员等活动。深入宣传道德模范、身边好人的典型事迹，建立健全先进模范发挥作用的长效机制。

第二十三章　弘扬中华优秀传统文化

立足乡村文明，吸取城市文明及外来文化优秀成果，在保护传承的基础上，创造性转化、创新性发展，不断赋予时代内涵、丰富表现形式，为增强文化自信提供优质载体。

第一节　保护利用乡村传统文化

实施农耕文化传承保护工程，深入挖掘农耕文化中蕴含的优秀思想观念、人文精神、道德规范，充分发挥其在凝聚人心、教化群众、淳化民风中的重要作用。划定乡村建设的历史文化保护线，保护好文物古迹、传统村落、民族村寨、传统建筑、农业遗迹、灌溉工程遗产。传承传统建筑文化，使历史记忆、地域特色、民族特点融入乡村建设与维护。支持农村地区优秀戏曲曲艺、少数民族文化、民间文化等传承发展。完善非物质文化遗产保护制度，实施非物质文化遗产传承发展工程。实施乡村经济社会变迁物证征藏工程，鼓励乡村史志修编。

第二节　重塑乡村文化生态

紧密结合特色小镇、美丽乡村建设，深入挖掘乡村特色文化符号，盘活地方和民族特色文化资源，走特色化、差异化发展之路。以形神兼备为导向，保护乡村原有建筑风貌和村落格局，把民族民间文化元素融入乡村建设，深挖历史古韵，弘扬人文之美，重塑诗意闲适的人文环境和田绿草青的居住环境，重现原生田园风光和原本乡情乡愁。引导企业家、文化工作者、退休人员、文化志愿者等投身乡村文化建设，丰富农村文化业态。

第三节　发展乡村特色文化产业

加强规划引导、典型示范，挖掘培养乡土文化本土人才，建设一批特色鲜明、优势突出的农耕文化产业展示区，打造一批特色文化产业乡镇、文化产业特色村和文化产业群。大力推动农村地区实施传统工艺振兴计划，培育形成具有民族和地域特色的传统工艺产品，促进传统工艺提高品质、形成品牌、带动就业。积极开发传统节日文化用品和武术、戏曲、舞龙、舞狮、锣鼓等民间艺术、民俗表演项目，促进文化资源与现代消费需求有效对接。推动文化、旅游与其他产业深度融合、创新发展。

第二十四章　丰富乡村文化生活

推动城乡公共文化服务体系融合发展，增加优秀乡村文化产品和服务供给，活跃繁荣农村文化市场，为广大农民提供高质量的精神营养。

第一节　健全公共文化服务体系

按照有标准、有网络、有内容、有人才的要求，健全乡村公共文化服务体系。推动县级图书馆、文化馆总分馆制，发挥县级公共文化机构辐射作用，加强基层综合性文化服务中心建设，实现乡村两级公共文化服务全覆盖，提升服务效能。完善农村新闻出版广播电视公共服务覆盖体系，推进数字广播电视户户通，探索农村电影放映的新方法新模式，推进农家书屋延伸服务和提质增效。继续实施公共数字文化工程，积极发挥新媒体作用，使农民群众能便捷获取优质数字文化资源。完善乡村公共体育服务体系，推动村健身设施全覆盖。

第二节　增加公共文化产品和服务供给

深入推进文化惠民，为农村地区提供更多更好的公共文化产品和服务。建立农民群众文化需求反馈机制，推动政府向社会购买公共文化服务，开展"菜单式"、"订单式"服务。加强公共文化服务品牌建设，推动形成具有鲜明特色和社会影响力的农村公共文化服务项目。开展文化结对帮扶。支持"三农"题材文艺创作生产，鼓励文艺工作者推出反映农民生产生活尤其是乡村振兴实践的优秀文艺作品。鼓励各级文艺组织深入农村地区开展惠民演出活动。加强农村科普工作，推动全民阅读进家庭、进农村，提高农民科学文化素养。

第三节　广泛开展群众文化活动

完善群众文艺扶持机制，鼓励农村地区自办文化。培育挖掘乡土文化本土人才，支持乡村文化能人。加强基层文化队伍培训，培养一支懂文艺爱农村爱农民、专兼职相结合的农村文化工作队伍。传承和发展民族民间传统体育，广泛开展形式多样的农民群众性体育活动。鼓励开展群众性节日民俗活动，支持文化志愿者深入农村开展丰富多彩的文化志愿服务活动。活跃繁荣农村文化市场，推动农村文化市场转型升级，加强农村文化市场监管。

第八篇　健全现代乡村治理体系

把夯实基层基础作为固本之策，建立健全党委领导、政府负责、社会协同、公众参与、法治保障的现代乡村社会治理体制，推动乡村组织振兴，打造充满活力、和谐有序的善治乡村。

第二十五章　加强农村基层党组织对乡村振兴的全面领导

以农村基层党组织建设为主线，突出政治功能，提升组织力，把农村基层党组织建成宣传党的主张、贯彻党的决定、领导基层治理、团结动员群众、推动改革发展的坚强战斗堡垒。

第一节　健全以党组织为核心的组织体系

坚持农村基层党组织领导核心地位，大力推进村党组织书记通过法定程序担任村民委员会主任和集体经济组织、农民合作组织负责人，推行村"两委"班子成员交叉任职；提倡由非村民委员会成员的村党组织班子成员或党员担任村务监督委员会主任；村民委员会成员、村民代表中党员应当占一定比例。在以建制村为基本单元设置党组织的基础上，创新党组织设置。推动农村基层党组织和党员在脱贫攻坚和乡村振兴中提高威信、提升影响。加强农村新型经济组织和社会组织的党建工作，引导其始终坚持为农民服务的正确方向。

第二节　加强农村基层党组织带头人队伍建设

实施村党组织带头人整体优化提升行动。加大从本村致富能手、外出务工经商人员、本乡本土大学毕业生、复员退伍军人中培养选拔力度。以县为单位，逐村摸排分析，对村党组织书记集中调整优化，全面实行县级备案管理。健全从优秀村党组织书记中选拔乡镇领导干部、考录乡镇公务员、招聘乡镇事业编制人员机制。通过本土人才回引、院校定向培养、县乡统筹招聘等渠道，每个村储备一定数量的村级后备干部。全面向贫困村、软弱涣散村和集体经济薄弱村党组织派出第一书记，建立长效机制。

第三节　加强农村党员队伍建设

加强农村党员教育、管理、监督，推进"两学一做"学习教育常态化制度化，教育引导广大党员自觉用习近平新时代中国特色社会主义思想武装头脑。严格党的组织生活，全面落实"三会一课"、主题党日、谈心谈话、民主评议党员、党员联系农户等制度。加强农村流动党员管理。注重发挥无职党员作用。扩大党内基层民主，推进党务公开。加强党内激励关怀帮扶，定期走访慰问农村老党员、生活困难党员，帮助解决实际困难。稳妥有序开展不合格党员组织处置工作。加大在青年农民、外出务工人员、妇女中发展党员力度。

第四节　强化农村基层党组织建设责任与保障

推动全面从严治党向纵深发展、向基层延伸，严格落实各级党委尤其是县级党委主体责任，进一步压实县乡纪委监督责任，将抓党建促脱贫攻坚、促乡村振兴情况作为每年市县乡党委书记抓基层党建述职评议考核的重要内容，纳入巡视、巡察工作内容，作为领导班子综合评价和选拔任用领导干部的重要依据。坚持抓乡促村,整乡推进、整县提升,加强基本组织、基本队伍、基本制度、基本活动、基本保障建设,持续整顿软弱涣散村党组织。加强农村基层党风廉政建设,强化农村基层干部和党员的日常教育管理监督,加强对《农村基层干部廉洁履行职责若干规定(试行)》执行情况的监督检查,弘扬新风正气,抵制歪风邪气。充分发挥纪检监察机关在督促相关职能部门抓好中央政策落实方面的作用,加强对落实情况特别是涉农资金拨付、物资调配等工作的监督,开展扶贫领域腐败和作风问题专项治理,严厉打击农村基层黑恶势力和涉黑涉恶腐败及"保护伞",严肃查处发生在惠农资金、征地拆迁、生态环保和农村"三资"管理领域的违纪违法问题,坚决纠正损害农民利益的行为,严厉整治群众身边腐败问题。全面执行以财政投入为主的稳定的村级组织运转经费保障政策。满怀热情关心关爱农村基层干部,政治上激励、工作上支持、待遇上保障、心理上关怀。重视发现和树立优秀农村基层干部典型,彰显榜样力量。

第二十六章　促进自治法治德治有机结合

坚持自治为基、法治为本、德治为先,健全和创新村党组织领导的充满活力的村民自治机制,强化法律权威地位,以德治滋养法治、涵养自治,让德治贯穿乡村治理全过程。

第一节　深化村民自治实践

加强农村群众性自治组织建设。完善农村民主选举、民主协商、民主决策、民主管理、民主监督制度。规范村民委员会等自治组织选举办法,健全民主决策程序。依托村民会议、村民代表会议、村民议事会、村民理事会等,形成民事民议、民事民办、民事民管的多层次基层协商格局。创新村民议事形式,完善议事决策主体和程序,落实群众知情权和决策权。全面建立健全村务监督委员会,健全务实管用的村务监督机制,推行村级事务阳光工程。充分发挥自治章程、村规民约在农村基层治理中的独特功能,弘扬公序良俗。继续开展以村民小组或自然村为基本单元的村民自治试点工作。加强基层纪委监委对村民委员会的联系和指导。

第二节　推进乡村法治建设

深入开展"法律进乡村"宣传教育活动,提高农民法治素养,引导干部群众尊法学法守法用法。增强基层干部法治观念、法治为民意识,把政府各项涉农工作纳入法治化轨道。维护村民委员会、农村集体经济组织、农村合作经济组织的特别法人地位和权利。深入推进综合行政执法改革向基层延伸，创新监管方式，推动执法队伍整合、执法力量下沉，提高执法能力和水平。加强乡村人民调解组织建设，建立健全乡村调解、县市仲裁、司法保障的农村土地承包经营纠纷调处机制。健全农村公共法律服务体系，加强对农民的法律援助、司法救助和公益法律服务。深入开展法治县（市、区）、民主法治示范村等法治创建活动，深化农村基层组织依法治理。

第三节　提升乡村德治水平

深入挖掘乡村熟人社会蕴含的道德规范，结合时代要求进行创新，强化道德教化作用，引导农民向上向善、孝老爱亲、重义守信、勤俭持家。建立道德激励约束机制，引导农民自我管理、自我教育、自我服务、自我提高，实现家庭和睦、邻里和谐、干群融洽。积极发挥新乡贤作用。深入推进移风易俗，开展专项文明行动，遏制大操大办、相互攀比、"天价彩礼"、厚葬薄养等陈规陋习。加强无神论宣传教育，抵制封建迷信活动。深化农村殡葬改革。

第四节　建设平安乡村

健全落实社会治安综合治理领导责任制，健全农村社会治安防控体系，推动社会治安防控力量下沉，加强农村群防群治队伍建设。深入开展扫黑除恶专项斗争。依法加大对农村非法宗教、邪教活动打击力度，严防境外渗透，继续整治农村乱建宗教活动场所、滥塑宗教造像。完善县乡村三级综治中心功能和运行机制。健全农村公共安全体系，持续开展农村安全隐患治理。加强农村警务、消防、安全生产工作，坚决遏制重特大安全事故。健全矛盾纠纷多元化解机制，深入排查化解各类矛盾纠纷，全面推广"枫桥经验"，做到小事不出村、大事不出乡（镇）。落实乡镇政府农村道路交通安全监督管理责任，探索实施"路长制"。探索以网格化管理为抓手，推动基层服务和管理精细化精准化。推进农村"雪亮工程"建设。

第二十七章　夯实基层政权

科学设置乡镇机构，构建简约高效的基层管理体制，健全农村基层服务体系，夯实乡村治理基础。

第一节　加强基层政权建设

面向服务人民群众合理设置基层政权机构、调配人力资源，不简单照搬上级机关设置模式。根据工作需要，整合基层审批、服务、执法等方面力量，统筹机构编制资源，整合相关职能设立综合性机构，实行扁平化和网格化管理。推动乡村治理重心下移，尽可能把资源、服务、管理下放到基层。加强乡镇领导班子建设，有计划地选派省市县机关部门有发展潜力的年轻干部到乡镇任职。加大从优秀选调生、乡镇事业编制人员、优秀村干部、大学生村官中选拔乡镇领导班子成员力度。加强边境地区、民族地区农村基层政权建设相关工作。

第二节　创新基层管理体制机制

明确县乡财政事权和支出责任划分，改进乡镇财政预算管理制度。推进乡镇协商制度化、规范化建设，创新联系服务群众工作方法。推进直接服务民生的公共事业部门改革，改进服务方式，最大限度方便群众。推动乡镇政务服务事项一窗式办理、部门信息系统一平台整合、社会服务管理大数据一口径汇集，不断提高乡村治理智能化水平。健全监督体系，规范乡镇管理行为。改革创新考评体系，强化以群众满意度为重点的考核导向。严格控制对乡镇设立不切实际的"一票否决"事项。

第三节　健全农村基层服务体系

制定基层政府在村（农村社区）治理方面的权责清单，推进农村基层服务规范化标准化。整合优化公共服务和行政审批职责，打造"一门式办理"、"一站式服务"的综合服务平台。在村庄普遍建立网上服务站点，逐步形成完善的乡村便民服务体系。大力培育服务性、公益性、互助性农村社会组织，积极发展农村社会工作和志愿服务。开展农村基层减负工作，集中清理对村级组织考核评比多、创建达标多、检查督查多等突出问题。

第九篇　保障和改善农村民生

坚持人人尽责、人人享有，围绕农民群众最关心最直接最现实的利益问题，加快补齐农村民生短板，提高农村美好生活保障水平，让农民群众有更多实实在在的获得感、幸福感、安全感。

第二十八章　加强农村基础设施建设

继续把基础设施建设重点放在农村，持续加大投入力度，加快补齐农村基础设施短板，促进城乡基础设施互联互通，推动农村基础设施提挡升级。

第一节　改善农村交通物流设施条件

以示范县为载体全面推进"四好农村路"建设，深化农村公路管理养护体制改革，健全管理养护长效机制，完善安全防护设施，保障农村地区基本出行条件。推动城市公共交通线路向城市周边延伸，鼓励发展镇村公交，实现具备条件的建制村全部通客车。加大对革命老区、民族地区、边疆地区、贫困地区铁路公益性运输的支持力度，继续开好"慢火车"。加快构建农村物流基础设施骨干网络，鼓励商贸、邮政、快递、供销、运输等企业加大在农村地区的设施网络布局。加快完善农村物流基础设施末端网络，鼓励有条件的地区建设面向农村地区的共同配送中心。

第二节　加强农村水利基础设施网络建设

构建大中小微结合、骨干和田间衔接、长期发挥效益的农村水利基础设施网络，着力提高节水供水和防洪减灾能力。科学有序推进重大水利工程建设，加强灾后水利薄弱环节建设，统筹推进中小型水源工程和抗旱应急能力建设。巩固提升农村饮水安全保障水平，开展大中型灌区续建配套节水改造与现代化建设，有序新建一批节水型、生态型灌区，实施大中型灌排泵站更新改造。推进小型农田水利设施达标提质，实施水系连通和河塘清淤整治等工程建设。推进智慧水利建设。深化农村水利工程产权制度与管理体制改革，健全基层水利服务体系，促进工程长期良性运行。

第三节　构建农村现代能源体系

优化农村能源供给结构，大力发展太阳能、浅层地热能、生物质能等，因地制宜开发利用水能和风能。完善农村能源基础设施网络，加快新一轮农村电网升级改造，推动供气设施向农村延伸。加快推进生物质热电联产、生物质供热、规模化生物质天然气和规模化大型沼气等燃料清洁化工程。推进农村能源消费升级，大幅提高电能在农村能源消费中的比重，加快实施北方农村地区冬季清洁取暖，积极稳妥推进散煤替代。推广农村绿色节能建筑和农用节能技术、产品。大力发展"互联网＋"智慧能源，探索建设农村能源革命示范区。

第四节 夯实乡村信息化基础

深化电信普遍服务，加快农村地区宽带网络和第四代移动通信网络覆盖步伐。实施新一代信息基础设施建设工程。实施数字乡村战略，加快物联网、地理信息、智能设备等现代信息技术与农村生产生活的全面深度融合，深化农业农村大数据创新应用，推广远程教育、远程医疗、金融服务进村等信息服务，建立空间化、智能化的新型农村统计信息系统。在乡村信息化基础设施建设过程中，同步规划、同步建设、同步实施网络安全工作。

第二十九章 提升农村劳动力就业质量

坚持就业优先战略和积极就业政策，健全城乡均等的公共就业服务体系，不断提升农村劳动者素质，拓展农民外出就业和就地就近就业空间，实现更高质量和更充分就业。

第一节 拓宽转移就业渠道

增强经济发展创造就业岗位能力，拓宽农村劳动力转移就业渠道，引导农村劳动力外出就业，更加积极地支持就地就近就业。发展壮大县域经济，加快培育区域特色产业，拓宽农民就业空间。大力发展吸纳就业能力强的产业和企业，结合新型城镇化建设合理引导产业梯度转移，创造更多适合农村劳动力转移就业的机会，推进农村劳动力转移就业示范基地建设。加强劳务协作，积极开展有组织的劳务输出。实施乡村就业促进行动，大力发展乡村特色产业，推进乡村经济多元化，提供更多就业岗位。结合农村基础设施等工程建设，鼓励采取以工代赈方式就近吸纳农村劳动力务工。

第二节 强化乡村就业服务

健全覆盖城乡的公共就业服务体系，提供全方位公共就业服务。加强乡镇、行政村基层平台建设，扩大就业服务覆盖面，提升服务水平。开展农村劳动力资源调查统计，建立农村劳动力资源信息库并实行动态管理。加快公共就业服务信息化建设，打造线上线下一体的服务模式。推动建立覆盖城乡全体劳动者、贯穿劳动者学习工作终身、适应就业和人才成长需要的职业技能培训制度，增强职业培训的针对性和有效性。在整合资源基础上，合理布局建设一批公共实训基地。

第三节 完善制度保障体系

推动形成平等竞争、规范有序、城乡统一的人力资源市场，建立健全城乡劳动者平等就业、同工同酬制度，提高就业稳定性和收入水平。健全人力资源市场法律法规体系，依法保障农村劳动者和用人单位合法权益。完善政府、工会、企业共同参与的协调协商机制，构建和谐劳动关系。落实就业服务、人才激励、教育培训、资金奖补、金融支持、社会保险等就业扶持相关政策。加强就业援助，对就业困难农民实行分类帮扶。

第三十章 增加农村公共服务供给

继续把国家社会事业发展的重点放在农村，促进公共教育、医疗卫生、社会保障等资源向农村倾斜，逐步建立健全全民覆盖、普惠共享、城乡一体的基本公共服务体系，推进城乡基本公共服务均等化。

第一节 优先发展农村教育事业

统筹规划布局农村基础教育学校，保障学生就近享有有质量的教育。科学推进义务教育公办学校标准化建设，全面改善贫困地区义务教育薄弱学校基本办学条件，加强寄宿制学校建设，提升乡村教育质量，实现县域校际资源均衡配置。发展农村学前教育，每个乡镇至少办好1所公办中心幼儿园，完善县乡村学前教育公共服务网络。继续实施特殊教育提升计划。科学稳妥推行民族地区乡村中小学双语教育，坚定不移推行国家通用语言文字教育。实施高中阶段教育普及攻坚计划，提高高中阶段教育普及水平。大力发展面向农村的职业教育，加快推进职业院校布局结构调整，加强县级职业教育中心建设，有针对性地设置专业和课程，满足乡村产业发展和振兴需要。推动优质学校辐射农村薄弱学校常态化，加强城乡教师交流轮岗。积极发展"互联网＋教育"，推进乡村学校信息化基础设施建设，优化数字教育资源公共服务体系。落实好乡村教师支持计划，继续实施农村义务教育学校教师特设岗位计划，加强乡村学校紧缺学科教师和民族地区双语教师培训，落实乡村教师生活补助政策，建好建强乡村教师队伍。

第二节 推进健康乡村建设

深入实施国家基本公共卫生服务项目，完善基本公共卫生服务项目补助政策，提供基础性全方位全周期的健康管理服务。加强慢性病、地方病综合防控，大力推进农村地区精神卫生、职业病和重大传染病防治。深化农村计划生育管理服务改革，落实全面两孩政策。增强妇幼健康服务能力，倡导优生优育。加强基层医疗卫生服务体系建设，基本实现每个乡镇都有1所政府举办的乡镇卫生院，每个行政村都有1所卫生室，每个乡镇卫生院都有全科医生，支持中西部地区基层医疗卫生机构标准化建设和设备提挡升级。切实加强乡村医生队伍建设，支持并推动乡村医生申请执业（助理）医师资格。全面建立分级诊疗制度，实行差别化的医保支付和价格政策。深入推进基层卫生综合改革，完善基层医疗卫生机构绩效工资制度。开展和规范家庭医生签约服务。树立大卫生大健康理念，广泛开展健康教育活动，倡导科学文明健康的生活方式，养成良好卫生习惯，提升居民文明卫生素质。

第三节　加强农村社会保障体系建设

按照兜底线、织密网、建机制的要求，全面建成覆盖全民、城乡统筹、权责清晰、保障适度、可持续的多层次社会保障体系。进一步完善城乡居民基本养老保险制度，加快建立城乡居民基本养老保险待遇确定和基础养老金标准正常调整机制。完善统一的城乡居民基本医疗保险制度和大病保险制度，做好农民重特大疾病救助工作，健全医疗救助与基本医疗保险、城乡居民大病保险及相关保障制度的衔接机制，巩固城乡居民医保全国异地就医联网直接结算。推进低保制度城乡统筹发展，健全低保标准动态调整机制。全面实施特困人员救助供养制度，提升托底保障能力和服务质量。推动各地通过政府购买服务、设置基层公共管理和社会服务岗位、引入社会工作专业人才和志愿者等方式，为农村留守儿童和妇女、老年人以及困境儿童提供关爱服务。加强和改善农村残疾人服务，将残疾人普遍纳入社会保障体系予以保障和扶持。

第四节　提升农村养老服务能力

适应农村人口老龄化加剧形势，加快建立以居家为基础、社区为依托、机构为补充的多层次农村养老服务体系。以乡镇为中心，建立具有综合服务功能、医养相结合的养老机构，与农村基本公共服务、农村特困供养服务、农村互助养老服务相互配合，形成农村基本养老服务网络。提高乡村卫生服务机构为老年人提供医疗保健服务的能力。支持主要面向失能、半失能老年人的农村养老服务设施建设，推进农村幸福院等互助型养老服务发展，建立健全农村留守老年人关爱服务体系。开发农村康养产业项目。鼓励村集体建设用地优先用于发展养老服务。

第五节 加强农村防灾减灾救灾能力建设

坚持以防为主、防抗救相结合，坚持常态减灾与非常态救灾相统一，全面提高抵御各类灾害综合防范能力。加强农村自然灾害监测预报预警，解决农村预警信息发布"最后一公里"问题。加强防灾减灾工程建设，推进实施自然灾害高风险区农村困难群众危房改造。全面深化森林、草原火灾防控治理。大力推进农村公共消防设施、消防力量和消防安全管理组织建设，改善农村消防安全条件。推进自然灾害救助物资储备体系建设。开展灾害救助应急预案编制和演练，完善应对灾害的政策支持体系和灾后重建工作机制。在农村广泛开展防灾减灾宣传教育。

第十篇 完善城乡融合发展政策体系

顺应城乡融合发展趋势，重塑城乡关系，更好激发农村内部发展活力、优化农村外部发展环境，推动人才、土地、资本等要素双向流动，为乡村振兴注入新动能。

第三十一章 加快农业转移人口市民化

加快推进户籍制度改革，全面实行居住证制度，促进有能力在城镇稳定就业和生活的农业转移人口有序实现市民化。

第一节 健全落户制度

鼓励各地进一步放宽落户条件，除极少数超大城市外，允许农业转移人口在就业地落户，优先解决农村学生升学和参军进入城镇的人口、在城镇就业居住 5 年以上和举家迁徙的农业转移人口以及新生代农民工落户问题。区分超大城市和特大城市主城区、郊区、新区等区域，分类制定落户政策，重点解决符合条件的普通劳动者落户问题。全面实行居住证制度，确保各地居住证申领门槛不高于国家标准、享受的各项基本公共服务和办事便利不低于国家标准，推进居住证制度覆盖全部未落户城镇常住人口。

第二节　保障享有权益

不断扩大城镇基本公共服务覆盖面，保障符合条件的未落户农民工在流入地平等享受城镇基本公共服务。通过多种方式增加学位供给，保障农民工随迁子女以流入地公办学校为主接受义务教育，以普惠性幼儿园为主接受学前教育。完善就业失业登记管理制度，面向农业转移人口全面提供政府补贴职业技能培训服务。将农业转移人口纳入社区卫生和计划生育服务体系，提供基本医疗卫生服务。把进城落户农民完全纳入城镇社会保障体系，在农村参加的养老保险和医疗保险规范接入城镇社会保障体系，做好基本医疗保险关系转移接续和异地就医结算工作。把进城落户农民完全纳入城镇住房保障体系，对符合条件的采取多种方式满足基本住房需求。

第三节　完善激励机制

维护进城落户农民土地承包权、宅基地使用权、集体收益分配权，引导进城落户农民依法自愿有偿转让上述权益。加快户籍变动与农村"三权"脱钩，不得以退出"三权"作为农民进城落户的条件，促使有条件的农业转移人口放心落户城镇。落实支持农业转移人口市民化财政政策，以及城镇建设用地增加规模与吸纳农业转移人口落户数量挂钩政策，健全由政府、企业、个人共同参与的市民化成本分担机制。

第三十二章　强化乡村振兴人才支撑

实行更加积极、更加开放、更加有效的人才政策，推动乡村人才振兴，让各类人才在乡村大施所能、大展才华、大显身手。

第一节　培育新型职业农民

全面建立职业农民制度，培养新一代爱农业、懂技术、善经营的新型职业农民，优化农业从业者结构。实施新型职业农民培育工程，支持新型职业农民通过弹性学制参加中高等农业职业教育。创新培训组织形式，探索田间课堂、网络教室等培训方式，支持农民专业合作社、专业技术协会、龙头企业等主体承担培训。鼓励各地开展职业农民职称评定试点。引导符合条件的新型职业农民参加城镇职工养老、医疗等社会保障制度。

第二节　加强农村专业人才队伍建设

加大"三农"领域实用专业人才培育力度，提高农村专业人才服务保障能力。加强农技推广人才队伍建设，探索公益性和经营性农技推广融合发展机制，允许农技人员通过提供增值服务合理取酬，全面实施农技推广服务特聘计划。加强涉农院校和学科专业建设，大力培育农业科技、科普人才，深入实施农业科研杰出人才计划和杰出青年农业科学家项目，深化农业系列职称制度改革。

第三节　鼓励社会人才投身乡村建设

建立健全激励机制，研究制定完善相关政策措施和管理办法，鼓励社会人才投身乡村建设。以乡情乡愁为纽带，引导和支持企业家、党政干部、专家学者、医生教师、规划师、建筑师、律师、技能人才等，通过下乡担任志愿者、投资兴业、行医办学、捐资捐物、法律服务等方式服务乡村振兴事业，允许符合要求的公职人员回乡任职。落实和完善融资贷款、配套设施建设补助、税费减免等扶持政策，引导工商资本积极投入乡村振兴事业。继续实施"三区"（边远贫困地区、边疆民族地区和革命老区）人才支持计划，深入推进大学生村官工作，因地制宜实施"三支一扶"、高校毕业生基层成长等计划，开展乡村振兴"巾帼行动"、青春建功行动。建立城乡、区域、校地之间人才培养合作与交流机制。全面建立城市医生教师、科技文化人员等定期服务乡村机制。

第三十三章　加强乡村振兴用地保障

完善农村土地利用管理政策体系，盘活存量，用好流量，辅以增量，激活农村土地资源资产，保障乡村振兴用地需求。

第一节　健全农村土地管理制度

总结农村土地征收、集体经营性建设用地入市、宅基地制度改革试点经验，逐步扩大试点，加快土地管理法修改。探索具体用地项目公共利益认定机制，完善征地补偿标准，建立被征地农民长远生计的多元保障机制。建立健全依法公平取得、节约集约使用、自愿有偿退出的宅基地管理制度。在符合规划和用途管制前提下，赋予农村集体经营性建设用地出让、租赁、入股权能，明确入市范围和途径。建立集体经营性建设用地增值收益分配机制。

第二节　完善农村新增用地保障机制

统筹农业农村各项土地利用活动，乡镇土地利用总体规划可以预留一定比例的规划建设用地指标，用于农业农村发展。根据规划确定的用地结构和布局，年度土地利用计划分配中可安排一定比例新增建设用地指标专项支持农业农村发展。对于农业生产过程中所需各类生产设施和附属设施用地，以及由于农业规模经营必须兴建的配套设施，在不占用永久基本农田的前提下，纳入设施农用地管理，实行县级备案。鼓励农业生产与村庄建设用地复合利用，发展农村新产业新业态，拓展土地使用功能。

第三节　盘活农村存量建设用地

完善农民闲置宅基地和闲置农房政策，探索宅基地所有权、资格权、使用权"三权分置"，落实宅基地集体所有权，保障宅基地农户资格权和农民房屋财产权，适度放活宅基地和农民房屋使用权，不得违规违法买卖宅基地，严格实行土地用途管制，严格禁止下乡利用农村宅基地建设别墅大院和私人会馆。在符合土地利用总体规划前提下，允许县级政府通过村土地利用规划调整优化村庄用地布局，有效利用农村零星分散的存量建设用地。对利用收储农村闲置建设用地发展农村新产业新业态的，给予新增建设用地指标奖励。

第三十四章　健全多元投入保障机制

健全投入保障制度，完善政府投资体制，充分激发社会投资的动力和活力，加快形成财政优先保障、社会积极参与的多元投入格局。

第一节　继续坚持财政优先保障

建立健全实施乡村振兴战略财政投入保障制度，明确和强化各级政府"三农"投入责任，公共财政更大力度向"三农"倾斜，确保财政投入与乡村振兴目标任务相适应。规范地方政府举债融资行为，支持地方政府发行一般债券用于支持乡村振兴领域公益性项目，鼓励地方政府试点发行项目融资和收益自平衡的专项债券，支持符合条件、有一定收益的乡村公益性建设项目。加大政府投资对农业绿色生产、可持续发展、农村人居环境、基本公共服务等重点领域和薄弱环节支持力度，充分发挥投资对优化供给结构的关键性作用。充分发挥规划的引领作用，推进行业内资金整合与行业间资金统筹相互衔接配合，加快建立涉农资金统筹整合长效机制。强化支农资金监督管理，提高财政支农资金使用效益。

第二节　提高土地出让收益用于农业农村比例

开拓投融资渠道，健全乡村振兴投入保障制度，为实施乡村振兴战略提供稳定可靠资金来源。坚持取之于地，主要用之于农的原则，制定调整完善土地出让收入使用范围、提高农业农村投入比例的政策性意见，所筹集资金用于支持实施乡村振兴战略。改进耕地占补平衡管理办法，建立高标准农田建设等新增耕地指标和城乡建设用地增减挂钩节余指标跨省域调剂机制，将所得收益通过支出预算全部用于巩固脱贫攻坚成果和支持实施乡村振兴战略。

第三节　引导和撬动社会资本投向农村

优化乡村营商环境，加大农村基础设施和公用事业领域开放力度，吸引社会资本参与乡村振兴。规范有序盘活农业农村基础设施存量资产，回收资金主要用于补短板项目建设。继续深化"放管服"改革，鼓励工商资本投入农业农村，为乡村振兴提供综合性解决方案。鼓励利用外资开展现代农业、产业融合、生态修复、人居环境整治和农村基础设施等建设。推广一事一议、以奖代补等方式，鼓励农民对直接受益的乡村基础设施建设投工投劳，让农民更多参与建设管护。

第三十五章　加大金融支农力度

健全适合农业农村特点的农村金融体系，把更多金融资源配置到农村经济社会发展的重点领域和薄弱环节，更好满足乡村振兴多样化金融需求。

第一节　健全金融支农组织体系

发展乡村普惠金融。深入推进银行业金融机构专业化体制机制建设，形成多样化农村金融服务主体。指导大型商业银行立足普惠金融事业部等专营机制建设，完善专业化的"三农"金融服务供给机制。完善中国农业银行、中国邮政储蓄银行"三农"金融事业部运营体系，明确国家开发银行、中国农业发展银行在乡村振兴中的职责定位，加大对乡村振兴信贷支持。支持中小型银行优化网点渠道建设，下沉服务重心。推动农村信用社省联社改革，保持农村信用社县域法人地位和数量总体稳定，完善村镇银行准入条件。引导农民合作金融健康有序发展。鼓励证券、保险、担保、基金、期货、租赁、信托等金融资源聚焦服务乡村振兴。

第二节　创新金融支农产品和服务

加快农村金融产品和服务方式创新，持续深入推进农村支付环境建设，全面激活农村金融服务链条。稳妥有序推进农村承包土地经营权、农民住房财产权、集体经营性建设用地使用权抵押贷款试点。探索县级土地储备公司参与农村承包土地经营权和农民住房财产权"两权"抵押试点工作。充分发挥全国信用信息共享平台和金融信用信息基础数据库的作用，探索开发新型信用类金融支农产品和服务。结合农村集体产权制度改革，探索利用量化的农村集体资产股权的融资方式。提高直接融资比重，支持农业企业依托多层次资本市场发展壮大。创新服务模式，引导持牌金融机构通过互联网和移动终端提供普惠金融服务，促进金融科技与农村金融规范发展。

第三节　完善金融支农激励政策

继续通过奖励、补贴、税收优惠等政策工具支持"三农"金融服务。抓紧出台金融服务乡村振兴的指导意见。发挥再贷款、再贴现等货币政策工具的引导作用，将乡村振兴作为信贷政策结构性调整的重要方向。落实县域金融机构涉农贷款增量奖励政策，完善涉农贴息贷款政策，降低农户和新型农业经营主体的融资成本。健全农村金融风险缓释机制，加快完善"三农"融资担保体系。充分发挥好国家融资担保基金的作用，强化担保融资增信功能，引导更多金融资源支持乡村振兴。制定金融机构服务乡村振兴考核评估办法。改进农村金融差异化监管体系，合理确定金融机构发起设立和业务拓展的准入门槛。守住不发生系统性金融风险底线，强化地方政府金融风险防范处置责任。

第十一篇　规划实施

实行中央统筹、省负总责、市县抓落实的乡村振兴工作机制，坚持党的领导，更好履行各级政府职责，凝聚全社会力量，扎实有序推进乡村振兴。

第三十六章　加强组织领导

坚持党总揽全局、协调各方，强化党组织的领导核心作用，提高领导能力和水平，为实现乡村振兴提供坚强保证。

第一节　落实各方责任

强化地方各级党委和政府在实施乡村振兴战略中的主体责任，推动各级干部主动担当作为。坚持工业农业一起抓、城市农村一起抓，把农业农村优先发展原则体现到各个方面。坚持乡村振兴重大事项、重要问题、重要工作由党组织讨论决定的机制，落实党政一把手是第一责任人、五级书记抓乡村振兴的工作要求。县委书记要当好乡村振兴"一线总指挥"，下大力气抓好"三农"工作。各地区要依照国家规划科学编制乡村振兴地方规划或方案，科学制定配套政策和配置公共资源，明确目标任务，细化实化政策措施，增强可操作性。各部门要各司其职、密切配合，抓紧制定专项规划或指导意见，细化落实并指导地方完成国家规划提出的主要目标任务。建立健全规划实施和工作推进机制，加强政策衔接和工作协调。培养造就一支懂农业、爱农村、爱农民的"三农"工作队伍，带领群众投身乡村振兴伟大事业。

第二节 强化法治保障

各级党委和政府要善于运用法治思维和法治方式推进乡村振兴工作，严格执行现行涉农法律法规，在规划编制、项目安排、资金使用、监督管理等方面，提高规范化、制度化、法治化水平。完善乡村振兴法律法规和标准体系，充分发挥立法在乡村振兴中的保障和推动作用。推动各类组织和个人依法依规实施和参与乡村振兴。加强基层执法队伍建设，强化市场监管，规范乡村市场秩序，有效促进社会公平正义，维护人民群众合法权益。

第三节 动员社会参与

搭建社会参与平台，加强组织动员，构建政府、市场、社会协同推进的乡村振兴参与机制。创新宣传形式，广泛宣传乡村振兴相关政策和生动实践，营造良好社会氛围。发挥工会、共青团、妇联、科协、残联等群团组织的优势和力量，发挥各民主党派、工商联、无党派人士等积极作用，凝聚乡村振兴强大合力。建立乡村振兴专家决策咨询制度，组织智库加强理论研究。促进乡村振兴国际交流合作，讲好乡村振兴的中国故事，为世界贡献中国智慧和中国方案。

第四节 开展评估考核

加强乡村振兴战略规划实施考核监督和激励约束。将规划实施成效纳入地方各级党委和政府及有关部门的年度绩效考评内容，考核结果作为有关领导干部年度考核、选拔任用的重要依据，确保完成各项目标任务。本规划确定的约束性指标以及重大工程、重大项目、重大政策和重要改革任务，要明确责任主体和进度要求，确保质量和效果。加强乡村统计工作，因地制宜建立客观反映乡村振兴进展的指标和统计体系。建立规划实施督促检查机制，适时开展规划中期评估和总结评估。

第三十七章　有序实现乡村振兴

充分认识乡村振兴任务的长期性、艰巨性，保持历史耐心，避免超越发展阶段，统筹谋划，典型带动，有序推进，不搞齐步走。

第一节　准确聚焦阶段任务

在全面建成小康社会决胜期，重点抓好防范化解重大风险、精准脱贫、污染防治三大攻坚战，加快补齐农业现代化短腿和乡村建设短板。在开启全面建设社会主义现代化国家新征程时期，重点加快城乡融合发展制度设计和政策创新，推动城乡公共资源均衡配置和基本公共服务均等化，推进乡村治理体系和治理能力现代化，全面提升农民精神风貌，为乡村振兴这盘大棋布好局。

第二节　科学把握节奏力度

合理设定阶段性目标任务和工作重点，分步实施，形成统筹推进的工作机制。加强主体、资源、政策和城乡协同发力，避免代替农民选择，引导农民摒弃"等靠要"思想，激发农村各类主体活力，激活乡村振兴内生动力，形成系统高效的运行机制。立足当前发展阶段，科学评估财政承受能力、集体经济实力和社会资本动力，依法合规谋划乡村振兴筹资渠道，避免负债搞建设，防止刮风搞运动，合理确定乡村基础设施、公共产品、制度保障等供给水平，形成可持续发展的长效机制。

第三节　梯次推进乡村振兴

科学把握我国乡村区域差异，尊重并发挥基层首创精神，发掘和总结典型经验，推动不同地区、不同发展阶段的乡村有序实现农业农村现代化。发挥引领区示范作用，东部沿海发达地区、人口净流入城市的郊区、集体经济实力强以及其他具备条件的乡村，到2022年率先基本实现农业农村现代化。推动重点区加速发展，中小城市和小城镇周边以及广大平原、丘陵地区的乡村，涵盖我国大部分村庄，是乡村振兴的主战场，到2035年基本实现农业农村现代化。聚焦攻坚区精准发力，革命老区、民族地区、边疆地区、集中连片特困地区的乡村，到2050年如期实现农业农村现代化。

图书在版编目（CIP）数据

互联网与乡村振兴 / 曹开研，蒋昕臻著 . —北京：
中国农业出版社，2019.6（2021.6 重印）
ISBN 978-7-109-25586-9

Ⅰ.①互… Ⅱ.①曹… ②蒋… Ⅲ.①互联网络—应
用—农村—社会主义建设—研究—中国　Ⅳ.
①F320.3-39

中国版本图书馆 CIP 数据核字（2019）第 108266 号

中国农业出版社出版
（北京市朝阳区麦子店街 18 号楼）
（邮政编码 100125）
责任编辑　闫保荣

北京中兴印刷有限公司印刷　　新华书店北京发行所发行
2019 年 6 月第 1 版　　2021 年 6 月北京第 3 次印刷

开本：700mm×1000mm　1/16　印张：10.75
字数：200 千字
定价：40.00 元
（凡本版图书出现印刷、装订错误，请向出版社发行部调换）